메이플스토리

고사성어
레벨업

상상더하기

이 책을 읽기 전에

1단계

고사성어의 유래를 통해 고사성어의 정확한 의미를
이해해봅시다.

2단계

고사성어의 소리와 뜻을 배우고,
따라 쓰기를 하면서 한자를 익혀봅시다.

3단계

용례를 통해 고사성어의 의미와 쓰임을 확실히 이해해봅시다.
비슷한 뜻을 가진 고사성어나 속담을 배우면서 어휘력을 키워봅시다.
본문의 '관련된 말도 같이 배워요'에 나오는 ⬤ 속 참 반 은 다음과 같은 의미입니다.
비 비슷한 뜻의 말   속 비슷한 뜻의 속담   참 참고할 만한 사자성어나 속담 등의 말
⬤ 반대되는 뜻의 말

4단계

OX퀴즈를 풀어 고사성어를 완전히 이해했는지
스스로 테스트해봅시다.

5단계

재미있는 만화를 통해 고사성어의
의미와 용례를 한 번 더 확인해봅시다.

6단계

마지막 학습게임으로 고사성어를 복습해봅시다.
6단계를 거치면 어느새 여러분도 고사성어의 달인!

추천의 글

우리말의 대부분을 차지하고 있는 한자어를 공부하면 어휘력도 향상되고 교과학습에도 도움이 됩니다. 이러한 한자 학습의 필요성 때문에 한자를 가르치려는 부모가 늘어나고, 한자를 효과적으로 익힐 수 있는 다양한 교육방법들이 개발되고 있습니다.

한자 학습은 낱자를 익히는 것에서 끝나지 않고 한자어를 익히고, 이를 언어생활에 활용할 수 있어야 합니다. 특히 고사성어는 유래에 얽힌 이야기를 통해 역사에 대한 이해를 높일 수 있고, 고사성어에 담긴 교훈적인 내용을 통해 자라나는 어린이들의 가치관 형성과 인성교육에 많은 도움을 얻을 수 있습니다.

〈사자성어 레벨업〉 시리즈의 3편에 해당하는 〈고사성어 레벨업〉은 고사성어의 유래에 대한 이야기를 어린이들이 좋아하는 컴퓨터게임 속 스토리와 연계해 쉽고 재미있게 고사성어를 익히도록 한 책입니다. 어린이들은 이 책을 통해 고사성어의 유래를 배우고 용례들을 익혀 한자에 대한 흥미와 학습의욕을 높여낼 수 있을 것입니다.

〈고사성어 레벨업〉은 한 단계가 끝날 때마다 재미있는 만화 이야기를 통해 고사성어를 한 번 더 복습할 수 있게 했으며, 각 레벨마다 제공되는 게임 형태의 다양한 확인학습으로 고사성어의 실력을 다져 아이들이 한 단계 더 앞으로 나아가는 성취감도 맛볼 수 있게 구성되었습니다.

메이플스토리의 캐릭터들과 함께 하는 〈사자성어 레벨업〉 시리즈 3편 〈고사성어 레벨업〉 역시 많은 어린이들의 손에서 떠나지 않고 자꾸만 보고 싶어지는 책이 될 것으로 기대합니다.

사단법인 한자교육진흥회 이사장 **나맹규**

이 책의 특징

〈고사성어 레벨업〉은 〈사자성어 레벨업〉 1, 2권으로 한자를 공부한 아이들이 좀더 어려운 한자를 고사성어를 통해 익히도록 기획한 책입니다.

우리말 어휘의 70%가 한자어에 기초를 두고 있는 상황에서 한자학습은 필수적인 교육과정입니다. 하지만 아이들은 여전히 한자공부를 어려운 한자를 외워야 하는 것으로만 생각해 부담을 갖거나 싫증을 냅니다. 이를 극복할 수 있는 방법은 놀이처럼 즐겁게 한자를 공부하는 것입니다. 한자공부에서 중요한 것은 한자를 글자가 아닌 어휘로 공부하는 것입니다. 어휘를 통해 한자의 정확한 뜻을 파악하고, 일상생활 속에서 사용되는 용례를 익혀 스스로의 어휘력을 높여 나가는 것이 중요합니다. 이때 아이들의 흥미를 유발하는 방법 중 하나가 스토리를 통해 한자어를 이해하는 것입니다.

사자성어와 고사성어의 중요성도 바로 여기에서 나옵니다. 특히 고사성어 속에는 선조들의 역사 이야기가 교훈과 함께 담겨 있기에 역사 공부에서도 반드시 필요한 부분입니다. 〈삼국지〉와 〈사기〉, 〈손자병법〉 등 옛 선조들의 문헌 속에 나오는 고사성어를 통해 아이들은 한자 공부와 역사 공부는 물론 삶의 지혜와 가치관을 기르고, 생각하는 힘을 키울 수 있을 것입니다.

〈고사성어 레벨업〉은 하나의 레벨마다 13개의 고사성어가 나옵니다. 아이들에게 친숙한 메이플스토리의 모험담으로 구성한 각 레벨에서는 고사성어의 정확한 유래를 이야기를 통해 익히고, 각 레벨마다 만화와 학습게임을 배치해 공부한 내용을 복습할 수 있도록 했습니다. 〈고사성어 레벨업〉으로 모든 아이들이 한자공부와 함께 어휘력 증가, 논술시험 대비라는 세 마리의 토끼를 잡길 기대합니다.

01 즐겁게 공부하며 지식을 쌓는 것에 목적을 둔 워크북 양식

〈고사성어 레벨업〉은 학습과 놀이가 결합한 사자성어 워크북입니다. 우선 고사성어의 유래에 얽힌 이야기를 읽어 그 의미를 정확히 이해하고, 따라 쓰기를 하면서 한자를 익히도록 했습니다. 또한, 다양한 용례를 통해 고사성어가 일상생활에서 어떻게 활용되는지 파악하고, 비슷한 뜻을 지닌 고사성어와 속담을 살피며 어휘력을 키울 수 있습니다. 이 밖에도 각각의 고사성어마다 OX퀴즈를 풀어 배운 내용을 바로 확인할 수 있게 했고, 레벨별로 만화와 학습게임을 배치하여 놀이처럼 총정리 학습이 가능하게 만들었습니다.

02 친숙한 메이플스토리와 연계해 집중력 높이고 흥미 배가

〈고사성어 레벨업〉은 딱딱한 한자 학습서가 아닙니다. 아이들에게 친숙한 메이플스토리와 연계해 한자학습에 대한 부담감을 해소했습니다. 또한 메이플스토리의 내용을 각 레벨별로 접목해 새로운 레벨에 도전하려는 아이들의 목표의식을 높였습니다.
아이들은 이 책을 만나 고사성어에 담긴 지혜의 말씀을 배워 몬스터를 물리치는 모험을 하게 될 것입니다.

03 부모님과 온 가족이 함께 할 수 있는 가족형 한자 학습서

〈고사성어 레벨업〉은 아이들과 부모님이 함께 공부할 수 있는 학습서입니다. 부모님들이 아이들과 함께 게임을 하듯 고사성어를 공부할 수 있게 구성했습니다. 이를 통해 아이들은 부모님과 즐겁게 소통하고 공감하는 재미도 맛볼 수 있을 것입니다.

차례

LEVEL 1 무릉편
고사성어를 찾아 출발!

LEVEL 2 천도 과수원편
천도 향기 가득한 곳!

LEVEL 3 백초마을편
진귀한 산삼을 찾아서!

LEVEL 4 무릉도장편
모험의 끝을 향해 전진!

프롤로그

지난 모험에서 당신의 대활약으로 현자의 책을 무사히 찾고 마왕의 위협으로부터 메이플 월드를 구해낼 수 있었다. 하지만 여기서 포기할 마왕이 아니었다. 다시 한번 음모를 꾸민 마왕이 왕궁 도서관의 보물창고에 보관 중이던 고사성어를 빼앗아 간 것이다.

고사성어는 고대 성인들의 교훈이 기록된 책으로, 사자성어가 담긴 현자의 책보다 훨씬 더 큰 힘을 담은 신비한 책이라고 한다. 이 책이 마왕의 손에 들어갔으니 메이플 월드는 더 큰 위기에 처하게 된 것이다. 당신은 지난 모험의 피로를 제대로 풀지도 못한 채 고사성어를 빼앗아 간 마왕을 뒤쫓아 서둘러 길을 나서게 된다.

한편, 고사성어를 손에 넣은 마왕은 사악한 웃음을 지으며 자신의 성을 향해 힘차게 날아갔다.

"고사성어가 내 손에 들어왔으니, 이제 책 속 비밀을 밝혀내 메이플 세계를 내 것으로 만드는 건 시간문제일 뿐이다. 우하하하!"

그런데 마왕이 성으로 가는 도중에 있는 무릉도원을 지날 즈음, 한 늙은 도인이 앞을 가로막는다. 작은 키와 긴 수염에 늙어 허리도 구부정한 노인의 등장에 마왕은 가소롭다는 듯 다짜고짜 공격했다. 하지만 이 도인은 간단히 공격을 피하곤, 오히려 엄청나게 강력하고 빠른 무술로 반격했다. 그리고 곧 무릉도원 전체가 진동할 정도의 치열한 전투가 벌어졌다.

'내가 전혀 경험하지 못한 무술인걸. 시간을 끌면 불리하겠군.'

얼마 뒤 마왕은 도인의 강력한 일격에 치명상을 입곤 고사성어를 놓치고 만다. 하지만 도인이 이것을 줍기 전, 마왕은 마지막 힘을 다해 책을 분해해 날려버린 뒤 마법을 사용해 사라졌다. 분해된 책 조각은 바람을 타고 무릉도원의 곳곳에 흩어져버렸다. 그리고 얼마후… 이곳에 도착한 당신은 늙은 도인과 만나게 된다.

"호~ 자네가 그 현자의 책을 찾아낸 새로운 영웅이란 자인가? 나는 무공이라고 하네."

신비한 도인 무공과의 만남. 이제 당신의 고사성어를 찾는 새로운 모험이 다시 시작되었다.

고사성어를
찾아 **출발!**

"새로운 영웅을 이렇게 만나니 반갑군. 여기는 **무릉도원**이라는 곳이네. 무릉도원이 어떤 곳이냐고? 바로 **복숭아꽃**이 만발한 **신선들**이 사는 **낙원**이지. 주로 별천지나 이상향을 비유하는 말로 쓰일 정도로 살기 좋은 곳이라네.

무릉도원이 이렇게 평화로울 수 있는 건 바로 고사성어 책의 힘으로 사악한 기운이 사라졌기 때문이지. 하지만 지금은 예전과 달라졌어. 책이 사라지고, 마왕의 사악한 기운이 다시 강해지면서 점점 어지러워지고 있다네. 만약 고사성어를 다시 찾는다면 예전의 평화로운 무릉도원의 모습을 되찾을 수 있을 게야…".

늙은 도인 무공은 마왕에 의해 고사성어가 무릉도원 곳곳으로 흩어져 버렸다는 얘기를 해준다. 또 조각 찾기인가? 이미 메이플 월드를 돌아다니며 현자의 책을 찾은 당신에게는 매우 쉬운 일일 것이다. 하지만 무공의 말에 의하면 예전에는 평화롭던 이 지역도 마왕의 사악한 힘 때문에 야생동물들이 사나워지고 곳곳에서 요괴들이 출몰하고 있다고 한다. 더군다나 고사성어 조각을 얻은 몬스터들은 앞서 물리친 몬스터들 보다 더 강력해졌을 것이다. 이제 흩어진 고사성어를 찾기 위해 **무릉도원**에서 첫걸음을 내딛어보자.

무릉편

무릉도원

도원명의 『도화원기』에 나오는 복숭아꽃이 만발한
가상의 낙원으로, 이 세상이 아닌 별천지나 이상향을
의미하는 말

옛날 중국 진나라 때의 이야기예요. 무릉이라는 곳에 한 어부가 살고 있었어요. 그는 평생 고기를 잡으며 살았어요. 어느날, 그가 고기를 잡기 위해 배를 저으면서 가다가 신비로운 숲을 보았어요. 그곳에는 복숭화꽃이 가득 피어 있었으며 풀에서는 향기로운 냄새가 났어요.

어부는 이상한 느낌에 숲이 끝날 때까지 앞으로 계속 배를 저어 갔어요. 숲이 끝날 즈음 산 하나가 보였어요. 그곳에는 작은 굴이 있었고, 그 안에서 밝은 빛이 새어나왔어요. 어부는 배에서 내려 굴 안으로 들어갔어요. 좁은 굴을 한참 들어가자 갑자기 앞이 탁 트이면서 평평하고 넓은 곳이 나왔어요.

그곳에는 기름진 논밭과 아름다운 연못, 예쁜 집들이 있었고, 사람들은 모두 좋은 옷을 입고 행복한 표정을 짓고 있었어요. 어부를 발견한 사람들은 기뻐하며 맛있는 음식을 대접해주었고, 따뜻하고 포근한 잠자리도 마련해주었어요. 어부는 사람들의 친절에 시간 가는 줄 모르다가 4~5일이 지난 후에야 돌아올 수 있었어요. 집으로 돌아온 어부는 고을 태수에게 그곳에 대해 알리고는, 태수와 함께 그곳에 찾아갔어요. 그러나 아무리 찾아도 발견할 수 없었답니다.

이곳 복숭아가 얼마나 맛있는데! 너도 한번 먹어봐.

武	陵	桃	源
호반 무	언덕 릉	복숭아 도	근원 원
武	陵	桃	源

에반은 이럴 때 사용해요!

• 시험이 없는 **무릉도원**에서 살고 싶다.

• 이곳은 인심도 좋고 공기도 좋고 물도 좋으니, **무릉도원**이 따로 없구나.

• 아무리 가난해도 내 마음만 편하다면 **무릉도원**이 따로 있겠는가.

관련된 말도 같이 배워요!

비 호중천지(壺中天地) 병 안에 세상이 다 있다는 뜻으로, 별천지를 의미합니다.

참 유토피아(utopia) 서양에서는 이 세상에 존재하지 않는 이상향을 유토피아(utopia)라고
말해요. 유토피아라는 말은 1516년 토마스 모어가 쓴 책 제목에 처음 등장하지요.

도전! OX 퀴즈

A 이 지옥 같은 곳이 바로 무릉도원이다. ( )

B 나는 평생 무릉도원을 찾아 헤맸으나
그곳이 멀리 있지 않았구나. ( )

다음 페이지에서 정답을 확인하세요.

생로병사

인간이 태어나고 늙고 병들고 죽는 네 가지 고통을
뜻하는 말로, 사람이라면 누구나 피할 수 없는 고통이기에
4고(苦)라고도 함

옛날 네팔의 작은 부족인 샤키야족의 중심지인 카필라성에서 고타마 싯다르타라는 아이가 태어났어요. 싯타르타는 카필라성의 주인인 정반왕과 마야부인의 아들로, 나라를 이어받을 후계자가 되었죠. 싯타르타는 한 나라의 왕자로 성 안에서만 자라서 성 밖의 일은 전혀 모르고 살았어요. 그러던 어느 날, 싯타르타는 성밖으로 놀러 나갔다가 사람들이 아파하고 괴로워하며 죽는 모습을 보았어요. 성 안에서 늘 아름다운 것만 보고 자라던 싯타르타에게 그 모습은 충격이었고, 싯타르타에게는 그때부터 네 가지 궁금한 점이 생겼어요.

"사람은 왜 태어나는 것이지? 태어났는데 왜 늙어가는 것이지? 병은 왜 걸리는 것이지? 왜 죽는 것이지?"

싯타르타는 이러한 고민 때문에 잠들지도 못하고, 먹지도 않았어요. 그는 이를 해결하기 위해 29살에 편안하게 살던 성을 떠나 고행을 시작했어요. 먹지도 자지도 않고 보리수 나무 아래에 앉은 채 계속 이 궁금한 점에 대해 생각한 싯다르타는, 35살에 드디어 깨달음을 얻었어요. 그리고 '진리를 깨달은 사람'이라는 뜻의 부처님으로 불리게 되었답니다.

생로병사는 불교 용어에서 나온 말로, 태어나고, 늙고, 병에 걸리고, 죽는 것을 뜻해요. 이렇듯 생로병사는 생명의 속성이자 우주만물의 원리랍니다.

난 이미 죽었지만, 아직 생로병사의 비밀이 뭔지 모르겠어.

生	老	病	死
날 생	늙을 로	병 병	죽을 사
生	老	病	死

🏯 에반은 이럴 때 사용해요!

• **생로병사**의 비밀은 잘 먹고 잘 자고 스트레스를 덜 받는 거래.

• 시험 공부가 힘들어도 **생로병사**보다는 덜한 고통이야.

• 취업 준비를 하는 고통이 **생로병사**의 고통과 비슷할 정도야.

🏯 관련된 말도 같이 배워요!

비 **대사상(大四相)** 사람이 겪는 네 가지 모습(相)으로 생(生), 노(老), 병(病), 사(死)를 말합니다.

속 **세월 이겨내는 장사 없다** 아무리 힘이 좋아도 세월이 지나 나이가 들면 젊었을 때처럼 힘이 좋지 못하다는 말이에요. 천하장사, 절세미인, 모든 부귀영화도 세월이 지나면 별 수 없이 시들고 만다는 뜻이랍니다.

도전! OX퀴즈

A 인간이 살아가면서 느끼는 네 가지 감정이 생로병사야. ( )

B 생로병사의 고통은 인간이라면 당연히 겪는 것이다. ( )

다음 페이지에서 정답을 확인하세요.

아무리 높은 권세라도 10년을 가지 못한다는
뜻으로, 막강한 권세라도 오래 가지 못함을 이르는 말

옛날 여러 나라로 갈라져 있던 중국을 최초로 통일시킨 왕이 있었어요. 바로 진시황이에요. 진시황은 '덕은 삼황보다 낮고 공적은 오제보다 높다' 라며 자신을 부르는 칭호를 '왕'에서 '황제'로 바꾸었어요.

또한 자신이 중국 천하를 최초로 통일한 첫 번째 황제이기 때문에 '처음 시(始)' 자를 써서 '시황제'라 부르도록 했지요.

"앞으로 짐을 '시황제'라 부르도록 하라."

진시황은 자신의 아들은 이세황제, 그 다음 왕위를 잇는 이는 삼세황제 라고 명하며, 자신의 자손이 대대로 황권을 이어가기를 바랐어요. 그래서 진시황은 하늘의 명령을 받아 황제의 자리에 올랐다는 의미의 '수명우천 (受命于天)'이라는 말을 옥새에 새겼어요. 옥새는 왕의 도장을 말하는데, 왕의 권력을 상징하는 물건으로 잃어버리면 안 되는 중요한 것이에요. 그 리고 진시황은 임금 스스로를 가리키는 '짐'이라는 말과 '옥새'라는 말을 황 제만 사용할 수 있도록 했어요. 황제만이 유일한 권력을 가졌다는 의미로 말이에요.

그러나 영원할 것 같았던 진시황의 막강한 권력도 진시황이 죽고 겨우 15년 만에 결국 막을 내리고 말았답니다.

내가 왕국을 오래 다스릴 수 있는 이유는 끊임없는 자기 계발 덕분이지.

무릉편

權	不	十	年
권세 권	아니 불	열 십	해 년
權	不	十	年

🏯 **이반은 이럴 때 사용해요!**

• **권불십년**이라더니, 만날 우승하던 팀이 이번에는 예선 탈락했지 뭐야.

• 잘 나가던 그 회사가 하루아침에 부도가 나다니, **권불십년**이란 말이 맞구만.

• 대통령이었어도 감옥에 가는 것을 보면 **권불십년**이라는 말이 실감난다.

🏯 **관련된 말도 같이 배워요!**

비 **화무십일홍(花無十日紅)** 열흘 붉은 꽃이 없다는 뜻으로, 힘이나 세력도 얼마 못 가 쇠하여지는 것을 의미합니다.

속 **달도 차면 기운다** 세상 만물에는 흥망성쇠가 있다는 뜻으로, 흥하면 언젠가는 쇠퇴한다는 의미입니다.

도전! OX 퀴즈

A 권불십년은 불로장생과 관련한 말이야. (   )

B 막강한 정치인이라고 해도 권불십년이다. (   )

다음 페이지에서 정답을 확인하세요.

17

삼십육계

36개 계책 중에서 피하는 것이 제일 좋은 계책이란
뜻으로, 형편이 불리할 때는 달아나는 것이 상책이란 것을
의미하는 말

　옛날 중국 남북조시대의 일이에요. 제나라의 5대 황제인 명제는 제나라를 세운 왕의 자손이 아니었지만 무력을 써서 왕이 되었어요. 게다가 자신을 반대하는 신하들과 전 왕의 자손들도 모두 죽였지요. 신하들은 명제를 매우 무서워하며 늘 불안해했어요. 그 중에서도 제나라를 건국하는데 많은 공을 세웠던 회계 태수 왕경칙은 더욱 불안한 마음이었어요. 명제가 언제 자신까지 없앨지 알 수 없었으니까요.

　그러던 어느 날, 왕경칙의 예상대로 명제는 장괴라는 장군을 회계와 가까운 곳으로 보냈어요. 결국 왕경칙은 장괴를 막기 위해 1만여 명의 군사를 이끌고 반란을 일으켰어요. 왕경칙과 장괴가 전쟁을 치루는 동안, 아픈 명제를 대신하여 태자 소보권이 국정을 살피고 있었어요. 그러다 장괴가 졌다는 소식을 들은 소보권은 허둥지둥 피난 갈 준비를 했어요. 이 소식을 들은 왕경칙은 껄껄 웃으며 말했어요.

　"단 장군은 '서른 여섯 가지 계책 중에 도망가는 것이 제일 좋은 계책'이었다고 하더라. 이제 너희 부자에게 남은 것은 도망가는 길밖에 없다."

　단 장군은 송나라 무제의 건국을 도운 명장 단도제를 말해요. 하지만 전쟁에서 완전히 승리할 것처럼 보였던 왕경칙은 후에 관군에게 포위당하고 죽었답니다.

혼, 도망치는 것도
기술이 필요하다고.
요리조리 재빠르게 슉슉!

三	十	六	計
석 삼	열 십	여섯 육	셀 계
三	十	六	計

📋 **이반은 이럴 때 사용해요!**

• 길을 지나다 불량배를 만나면 무조건 **삼십육계** 줄행랑이 제일이야.

• 나쁜 짓을 하던 사람이 경찰을 보고 **삼십육계** 도망을 쳤다.

• **삼십육계** 도망치던 도둑들이 결국 경찰에게 잡혔다.

📋 **관련된 말도 같이 배워요!**

비 **주위상책(走爲上策)** 피해를 입지 않으려면 달아나는 것이 상책이라는 뜻입니다.

속 **걸음아 날 살려라** 있는 힘을 다해 매우 다급하게 도망치는 것을 이르는 말입니다.

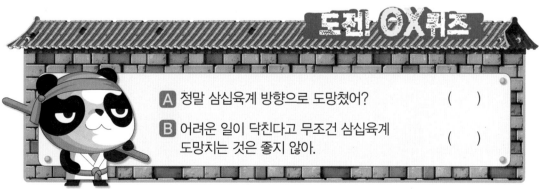

도전! OX 퀴즈

A 정말 삼십육계 방향으로 도망쳤어?　　　　(　)

B 어려운 일이 닥친다고 무조건 삼십육계　　　(　)
　 도망치는 것은 좋지 않아.

다음 페이지에서 정답을 확인하세요.

연목구어

나무에 올라 물고기를 얻으려고 한다는 뜻으로,
목적과 수단이 맞지 않는 불가능한 일을 시도하는
것을 의미하는 말

옛날 중국 제나라 선왕은 천하를 통일하겠다는 욕심을 품었어요. 그는 맹자한테 춘추시대 때 무력으로 다른 나라를 제패했던 제나라 환공과 진나라 문공에 대해 알려달라고 했어요. 맹자는 선왕에게 물었어요.

"폐하는 전쟁을 일으켜 백성들의 생명을 위태롭게 하고 이웃 나라와 원한을 맺고 싶습니까?"

선왕은 빙그레 웃으며 답했어요.

"나는 그것을 원하지는 않으나 큰 뜻을 실행하고 싶기 때문이다."

맹자가 그 큰 뜻이 무엇인지 묻자 선왕은 우물쭈물하며 제대로 대답해 주지 않았어요. 그러자 맹자는 말했어요.

"폐하께서 말씀하시는 큰 뜻은 영토를 확장하여 진나라나 초나라와 같은 나라로부터 문안을 받고 사방의 오랑캐를 정복하고 싶은 것이겠지요. 그러나 그것은 나무에 올라가 물고기를 구하는 것과 같습니다. 폐하처럼 무력으로 뜻을 이루려면 백성을 잃고 나라를 망치는 재난이 따라올 것입니다. 고기를 잡으려면 바다로 가야 하는 것처럼 천하를 통일하고 싶으시다면 왕께서 마땅히 지켜야 할 도리를 먼저 이루십시오."

정답 : A X B O

크큭! 오늘은 PC방 가서 공부할까?

緣	木	求	魚
인연 연	나무 목	구할 구	물고기 어
緣	木	求	魚

🏮 **이반은 이럴 때 사용해요!**

• 한겨울에 산딸기를 구해오라는 건 **연목구어**와 같은 터무니없는 요구야.

• 아무런 노력도 않고 성공하길 기대하는 것은 **연목구어**처럼 불가능한 일이지.

• 당신이 투명인간이 되고 싶다고 소원을 비는 것은 **연목구어**와 같습니다.

🏮 **관련된 말도 같이 배워요!**

비 **상산구어(上山求魚)** 산에 올라 물고기를 구한다는 뜻으로, 불가능한 일을 무리해서 굳이 하려는 것을 의미합니다.

속 **밤나무에서 은행이 열기를 바란다** 도저히 불가능한 일을 바란다는 의미입니다.

도전 OX 퀴즈

A 아무런 노력도 없이 성공을 바란다는
것은 연목구어다.   (   )

B 네가 공부를 열심히 하더니 이번에
1등했으니 연목구어구나.   (   )

다음 페이지에서 정답을 확인하세요.

지피지기

적을 알고 나를 알아야 한다는 뜻으로,
적의 형편과 나의 형편을 자세히 아는 것을 이르는 말

중국 춘추시대 때 초나라에는 유명한 병법가인 손무라는 사람이 살고 있었어요. 손무는 신묘한 계책으로 오나라 왕 합려가 큰 싸움에서 이길 수 있도록 돕기도 했어요. 그는 『오자』를 쓴 오기라는 사람과 함께 병법의 시조라고 불려요. 손무가 춘추시대 말기의 군사학설 및 전쟁 경험을 모두 묶어서 쓴 책인 『손자–모공편』에 실린 글 중에는 다음과 같은 내용이 있어요.

"적과 아군의 상황을 비교 검토한 후 승산이 있을 때 싸운다면 백 번을 싸워도 결코 위태롭지 않다. 적의 상황을 모른 채 아군의 상황만 알고 싸운다면 승패의 확률은 반반이다. 하지만 적의 상황은 물론 아군의 상황까지 자세히 모른 상태에서 싸운다면 만 번에 한 번도 이길 가망이 없다."

위의 글처럼 지피지기는 백전불패라는 말과 같이 잘 쓰여요. '지피지기 백전불패'는 지금까지도 세계 각 나라의 군사 전문가들로부터 높은 평가를 받을 정도로 유명하고 유용한 말이에요. 『손자』나 『손무병법』 등으로 불리는 손무가 쓴 병법서는, 일명 『손자병법』이라고도 불려요. 『손자병법』은 중국에서 가장 오래된 병법서랍니다.

지피지기?
난 너에 대해 속속들이 알고
있다서 뭐 이런 거임?
헐~ 대박!

승리를 위해선 나처럼 눈에 불을 반짝 켜고 상대를 살펴봐야지!!

知	彼	知	己
알 지	저 피	알 지	몸 기
知	彼	知	己

에반은 이럴 때 사용해요!

• 병을 이기기 위해서는 **지피지기**가 필요해.

• 결승전을 앞두고 우리 팀은 **지피지기**의 자세로 상대 팀의 전력부터 분석했다.

• 싸움에 나서는 장수의 첫째 임무는 적을 알고 나를 아는 **지피지기**에 있다.

관련된 말도 같이 배워요!

(비) **지적지아(知敵知我)** 적의 형편과 나의 형편을 다 자세히 아는 것을 뜻합니다.

(속) **적을 알고 나를 알면 백전백승이다** 적을 잘 알고 자신을 잘 아는 자는 백 번 싸워 백 번 이긴다는 뜻으로, 적에 대해 잘 알고 자신의 능력과 힘을 잘 알면 싸움에서 언제나 이길 수 있다는 말입니다.

도전! OX 퀴즈

A 상대를 이기기 위한 전술에는 지피지기가 필수야. ( )

B 지피지기한 명훈이는 중간고사에서 꼴등했다. ( )

다음 페이지에서 정답을 확인하세요.

안하무인

눈 아래에 보이는 사람이 없다는 뜻으로,
방자하고 교만하여 다른 사람을 업신여기는 것을
의미하는 말

옛날 중국 명나라 때 있었던 일이에요. 명나라 송강부에 엄씨 성을 가진 부부가 살았어요. 그들은 오랫동안 아이가 없어서 매일매일 신령님께 아이가 생기게 해달라고 빌었어요.

그러던 어느 날, 드디어 부부에게 아이가 생겼어요.

부부는 기쁜 마음에 아이를 매우 귀하게 여겼고, 아이가 원하는 것은 무엇이든 다 해주며 오냐오냐 길렀지요. 그런데 아이는 자라면서 점점 제멋대로 행동하는 사람이 되더니 노름을 하고, 매일 친구들과 술만 마시며 방탕하게 살았어요. 부부는 아이의 행동을 타이르기도 하고 꾸짖기도 했지만, 아들은 전혀 말을 듣지 않았어요. 부부는 자신들이 아이를 잘못 키웠다고 후회했지만 이미 늦었지요. 아들은 자신이 왕이나 된 것처럼 굴었고, 심지어 아버지를 때리기까지 했어요.

부부는 "우리가 아들을 잘못 키웠구나. 눈 아래에 아무도 없는 것처럼 구는 망나니가 다 됐구나."라며 울면서 후회했지만, 아들의 나쁜 점을 고치기에는 이미 늦었던 거예요.

원래 같은 뜻인 '안중무인'이라고 쓰이다가 훗날 '안하무인'이란 말을 더 자주 사용하게 되었답니다. 위의 이야기는 '안중무인'의 유래예요.

500원 빌려준 게
뭐 대수야?
뭘 그리 닭닭해?

眼	下	無	人
눈 안	아래 하	없을 무	사람 인
眼	下	無	人

🏯 에반은 이럴 때 사용해요!

• 쟤는 반장이 되더니 **안하무인**이야.

• 그 애는 선생님 아들이라더니, 다른 선생님들에게도 **안하무인**으로 군다.

• 힘이 세다고 **안하무인**으로 굴면 나중에 벌 받을 것이다.

🏯 관련된 말도 같이 배워요!

비 **안중무인(眼中無人)** 눈 속에 사람이 없다는 뜻으로, 스스로 교만하여 남을 업신여기는 것을 의미합니다.

속 **놓아 먹인 말** 배움이 없이 제멋대로 자라서 마구 행동하거나 가르치기 어려운 사람을 이르는 말입니다.

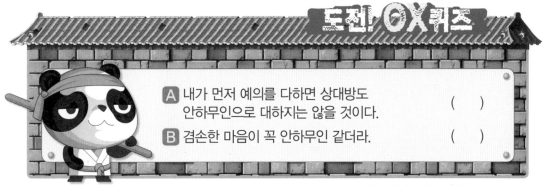

도전! OX 퀴즈

A 내가 먼저 예의를 다하면 상대방도 안하무인으로 대하지는 않을 것이다. ( )

B 겸손한 마음이 꼭 안하무인 같더라. ( )

다음 페이지에서 정답을 확인하세요.

조삼모사

아침에 세 개, 저녁에 네 개라는 뜻으로,
당장 눈앞에 나타나는 차이만을 알고
그 결과가 똑같음을 모르는 것을 의미하는 말

옛날 송나라 때 저공이라는 사람이 살고 있었어요. 저공은 원숭이를 매우 사랑해서 열심히 길렀어요. 그러다보니 원숭이가 점점 늘어나게 되었고, 저공은 늘어난 원숭이들에게 먹이를 주기 위해 집안 식구들의 음식을 줄여나갈 수밖에 없었어요.

그럼에도 원숭이들에게 줄 먹이가 많이 부족했어요. 할 수 없이 저공은 원숭이의 먹이를 줄이기로 했는데, 갑자기 먹이를 적게 주면 원숭이들이 말을 잘 듣지 않을 것 같아서 한 가지 꾀를 내었어요. 저공은 원숭이들에게 말했어요.

"너희들에게 먹이를 주되 앞으로 아침에는 세 개를 주고, 저녁에는 네 개를 주겠다. 알겠느냐?"

그러자 예상대로 원숭이들은 먹이가 적다며 화를 냈어요. 저공은 다시 말했어요.

"그럼 너희들의 먹이를 아침에는 네 개 주고,
저녁에는 세 개 주겠다. 괜찮으냐?"

원숭이들은 저공에게 절을 하며
매우 기뻐했어요.

아침에 네 개 먹고,
저녁에 세 개 먹으면
건강에도 좋겠다~

야호~ 오늘부터 아침에 바나나 4개~!

朝	三	暮	四
아침 조	석 삼	저물 모	넉 사
朝	三	暮	四

에반은 이럴 때 사용해요!

• 어제 한 약속을 오늘 다시 뒤집는 그의 **조삼모사**한 태도에 실망했어.

• **조삼모사**는 남을 농락하여 사기나 협잡술에 빠뜨리는 행위를 말합니다.

• 회사에서는 근본적인 대책을 제시하지 않고 **조삼모사**로 우리를 구슬릴 것이다.

관련된 말도 같이 배워요!

비 **감언이설(甘言利說)** 달콤한 말과 이로운 이야기라는 뜻으로, 남의 비위에 맞게 좋은 말로 꾀는 것을 의미합니다.

속 **어르고 뺨치기** 그럴 듯한 말로 꾀어 남을 해롭게 한다는 뜻입니다.

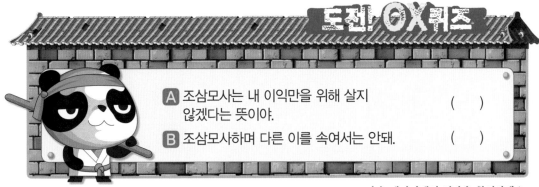

도전! OX퀴즈

A 조삼모사는 내 이익만을 위해 살지 않겠다는 뜻이야. ( )

B 조삼모사하며 다른 이를 속여서는 안돼. ( )

다음 페이지에서 정답을 확인하세요.

대기만성

큰 그릇을 만드는 데는 시간이 오래 걸린다는 뜻으로,
크게 될 사람은 오랫동안 공적을 쌓아 늦게 성공하는 것을
의미하는 말

    옛날 중국의 위나라에 최염이라는 유명한 장군이 살았어요. 그는 대인의 기품이 있는데다 생김새도 좋았고 수염도 근사했으며 목소리도 우렁찼어요. 위나라의 왕 무제는 최염을 누구보다 신임했어요.

    그런 최염에게는 최임이라는 사촌동생이 있었어요. 최임은 생김새나 인품에서 잘난 구석이 하나도 없었어요. 그래서인지 몰라도 최임은 관리가 되어도 출세하지 못했지요.

    친척들도 외면하는 최임에게 최염은 이렇게 말하곤 했어요.

    "큰 종이나 솥은 쉽게 만들지 못한다. 이것은 사람에게도 해당되는 것이다. 솥이나 종도 쉽게 만들지 못하는데 하물며 큰 인재가 쉽사리 만들어질 리 있겠느냐. 임아, 너는 대기만성의 사람이니 언젠가 반드시 큰 인물이 될 것이다. 그러니 사람들의 말에 속상해하지 말거라."

    최염은 최임을 늘 아끼고 도와주었지요. 시간이 흐르고, 최염의 말처럼 최임은 삼공이라는, 왕을 곁에서 보필하는 자리까지 오르는 등 대정치가가 되었답니다.

너는 분명
대기만성형의 사람이야~
그러니 시험 못 봤다고
그만 혼냈으면~ㅠㅠ

정답: A X B O

언젠간 큰 꽃을 떠우고 말겠어요

大	器	晚	成
큰 대	그릇 기	늦을 만	이룰 성
大	器	晚	成

🏛 에반은 이럴 때 사용해요!

• 그 배우는 오랜 무명 시절을 보내고 스타가 된 **대기만성**의 사람이야.

• 그 친구야말로 성실하고 우직한 **대기만성**형이야.

• 나는 **대기만성**하기보다는 일찍부터 성공하고 싶어.

🏛 관련된 말도 같이 배워요!

비 **마부위침(磨斧爲針)** 도끼를 갈아 바늘을 만든다는 뜻으로, 아무리 이루기 힘든 일도 끊임없이 노력하면 성공한다는 의미입니다.

속 **낙숫물이 댓돌을 뚫는다** 처마에서 떨어지는 낙숫물에도 댓돌이 뚫리듯이, 비록 약한 힘이라도 끈질기게 노력하면 무슨 일이든 이루지 못할 것이 없다는 뜻입니다.

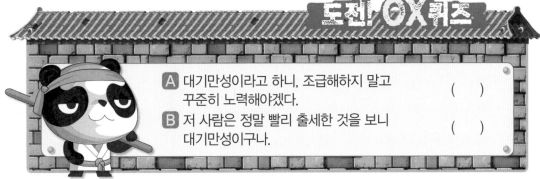

도전! OX퀴즈

A 대기만성이라고 하니, 조급해하지 말고 꾸준히 노력해야겠다. ( )

B 저 사람은 정말 빨리 출세한 것을 보니 대기만성이구나. ( )

다음 페이지에서 정답을 확인하세요.

LEVEL
1

고사성어
레벨업

절치부심

이를 갈고 썩인다는 뜻으로, 대단히 분하게
여기고 마음에 한을 품는 것을 의미하는 말

춘추시대 때 연나라에는 형가라는 자객이 살고 있었어요. 연나라 태자 단은 형가에게 연나라를 집어 삼키려는 진나라 왕 진시황을 죽이라고 명령했어요. 형가는 고민했어요. 진나라 왕을 죽이기 위해서는 왕 가까이 접근해야 하는데 그게 쉬운 일이 아니었죠. 마침 그때, 연나라에 진나라를 배반하고 도망 온 번오기라는 장군이 있었어요. 형가는 번오기 장군을 찾아갔어요.

"진나라는 장군의 부모와 가족들을 모두 죽이거나 노비로 삼았으니 이 얼마나 잔혹한 짓입니까? 게다가 장군을 죽인 자에게는 큰 상금을 준다고 합니다. 이를 헤쳐 나갈 방법이 제게 있습니다."

"그 방법이 무엇입니까?"

"제가 장군의 목을 가져가면 왕이 나를 만나줄 것입니다. 그때 진나라 왕을 죽이겠습니다. 장군께서는 그렇게 하실 수 있겠습니까?"

이 말을 듣고 번오기 장군은 형가에게 말했어요.

"이것이야말로 제가 밤낮으로 이를 갈고 가슴을 치며 고대하던 일이오."

그리고는 스스로 목을 찔러 죽었어요. 형가는 번오기의 목을 들고 진시황을 만날 수 있었지만, 진시황을 죽이는 것은 결국 실패하고 말았답니다.

정답: A O B X

으으, 메이플용사에게 당한 게 벌써 몇 번째이냐! 이번엔 지지 않겠다!

切	齒	腐	心
끊을 절	이 치	썩을 부	마음 심
切	齒	腐	心

이반은 이럴 때 사용해요!

• 저번 시험 때는 꼴등이었지만, 이번에는 **절치부심**해서 꼭 성적을 올릴 것이다.

• 사업에 실패한 그는 **절치부심** 끝에 오뚝이처럼 다시 일어섰다.

• 경기에서 패배한 우리 팀은 **절치부심**하여 마침내 우승을 차지했다.

관련된 말도 같이 배워요!

비 **절치액완(切齒扼腕)** 이를 갈고 팔을 걷어 올리며 주먹을 꽉 쥔다는 의미로, 매우 분하여 벼르는 모습을 의미합니다.

속 **여자가 한을 품으면 오뉴월에도 서리가 내린다** 여자가 원한을 품으면 무서운 결과가 나타나는 것을 경계하여 이르는 말입니다.

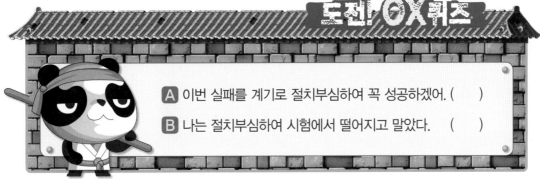

도전! OX퀴즈

A 이번 실패를 계기로 절치부심하여 꼭 성공하겠어. (　　)

B 나는 절치부심하여 시험에서 떨어지고 말았다. (　　)

다음 페이지에서 정답을 확인하세요.

기사회생

죽은 사람을 살린다는 말로, 의술이 뛰어난 것을
일컫는 말이었으나 오늘날에는 역경을 이겨내고
다시 재기하는 것을 의미하는 말

옛날 중국 춘추시대 때 진월인이라는 명의가 살고 있었어요.

진월인의 의술 솜씨는 너무 뛰어나 다른 나라에서도 그를 찾아오는 손님들이 많았어요. 그러던 어느 날 진월인이 괵국이라는 작은 나라에 가게 되었어요. 그런데 그가 괵국에 간지 얼마 되지 않아, 괵국의 태자가 급사했다는 소식이 나라에 퍼져 나갔어요.

진월인은 그 소식을 듣자마자 급히 괵국의 궁으로 달려갔어요. 그리고는 궁을 지키는 파수병들에게 태자를 구할 수 있으니 빨리 왕에게 전해달라고 했어요. 진월인의 말을 들은 왕은 진월인을 궁으로 불러들였고, 진월인은 서둘러 태자를 살펴보았어요. 진월인이 태자의 머리와 가슴, 손, 발 등에 침을 놓으니 태자가 서서히 깨어났어요. 진월인은 이어서 태자를 수술하고 약을 먹였어요. 그러자 태자는 일어나 앉았고, 한 달 뒤에는 병이 완전히 낫고 기력도 다 회복했어요.

이 후 진월인은 죽은 사람을 살렸다고 하여 더욱 그 이름이 널리 퍼졌어요. 그러나 진월인은 그 말을 들을 때마다 겸손하게 이렇게 말했어요.

"내가 어째 죽은 사람을 살릴 수 있겠습니까? 그가 완전히 죽지 않았기 때문에 구할 수 있었던 것뿐이에요."

에고, 아침에 먹은
배ㅆㅣ가 걸려 죽는 줄 알았네.
근데 머리 위 그거는 뭐지?

起	死	回	生
일어날 기	죽을 사	돌아올 회	살 생
起	死	回	生

에반은 이럴 때 사용해요!

• 우리 팀은 패배의 위기에서 **기사회생**해 극적인 역전승을 거두었다.

• 그는 죽을 뻔한 위기를 극복하고 **기사회생**하여 지금은 잘 살고 있다.

• 그 회사는 부도날 지경이었지만 가까스로 **기사회생**해서 다시 정상으로 돌아왔다.

관련된 말도 같이 배워요!

비 **구사일생(九死一生)** 아홉 번 죽을 뻔하다가 한 번 살아난다는 의미로, 여러 차례 죽을 고비를 겪고 간신히 살아난다는 뜻입니다.

속 **죽을 수가 닥치면 살 수가 생긴다** 아무리 어려운 처지에 빠지더라도 그로부터 헤어날 수 있는 방도가 생기기 마련이라는 의미입니다.

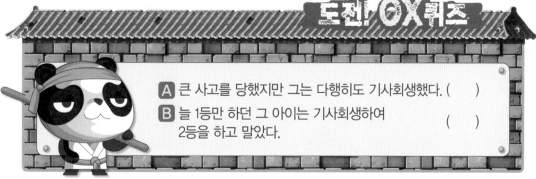

도전! OX퀴즈

A 큰 사고를 당했지만 그는 다행히도 기사회생했다. (　　)

B 늘 1등만 하던 그 아이는 기사회생하여
2등을 하고 말았다. (　　)

다음 페이지에서 정답을 확인하세요.

위기일발

머리털 하나로 물건을 끌어당긴다는 뜻으로,
조금도 마음을 놓을 수 없는 절박한 순간을 의미하는 말

옛날 중국 당나라 때 한유라는 사람이 있었어요. 그는 유학의 도를 세우기 위해 평생 동안 불교와 도교를 배척하는 일을 했어요. 그는 왕이 불교나 도교와 관련한 행동을 하면 상소를 올렸는데, 참다 못한 왕은 괘씸하다며 한유를 지방으로 귀향 보냈어요. 한유는 그곳에서 한 노승과 친하게 지내게 됐는데, 그 때문에 불교를 신봉한다는 오해를 받게 되었지요.

그런 한유에게 맹간이란 유학자가 어찌 불교를 믿게 되었느냐며 질책하는 편지를 보냈어요. 한유는 자신이 불교를 신봉할 리가 있겠냐며 답답한 마음을 쓴 답장을 보냈지요.

"한나라 이래로 여러 유학자들 덕분에 유학이 이어져왔지만 그것이 변변치 못하여 나중에는 끝내 없어질 것 같습니다. 그 위기가 마치 한 올의 머리털로 천균의 무게를 끌어당기는 것처럼 말이지요. 그렇다고 해도 천지귀신이 위에서 내려다보시고 옆에서 바로잡아주시니 어찌 한 번의 좌절로 스스로 그 도를 훼손하고 불도를 따르겠습니까?"

균이란 약 30근으로, 천균은 18톤에 해당되는 엄청난 무게를 의미해요. 한유는 한나라 이래로 유학의 도가 이어져 내려오는 것이 매우 위태로워 한가닥의 머리카락으로 엄청난 무게를 감당하는 것과 같은 위기일발의 상황 같다고 표현한 것이랍니다.

정답: A O B X

방금 내 머리 위로
차 지나갔지? 휴우,
오빠에 숨긴 잘했어.

危	機	一	髮
위태할 위	틀 기	한 일	터럭 발
危	機	一	髮

이반은 이럴 때 사용해요!

• 그때는 정말 **위기일발**의 상황이었어.

• 그 아이는 **위기일발**의 순간에서 간신히 벗어날 수 있었다.

• 전쟁 영화를 보면 많은 군인들은 늘 **위기일발**의 상황 속에 놓인다.

관련된 말도 같이 배워요!

비 **누란지위(累卵之危)** 알을 쌓아 놓은 듯한 위태로움이란 뜻으로, 매우 위태로운 상황을 의미합니다.

속 **발등에 불이 떨어지다** 일이 몹시 절박하게 닥치는 것을 뜻합니다.

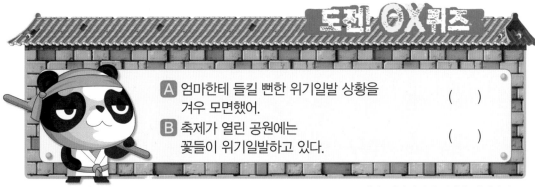

도전! OX 퀴즈

A 엄마한테 들킬 뻔한 위기일발 상황을
겨우 모면했어.   ( )

B 축제가 열린 공원에는
꽃들이 위기일발하고 있다.   ( )

다음 페이지에서 정답을 확인하세요.

구우일모

아홉 마리 소에서 빠진 한 개의 털이라는 뜻으로,
굉장히 많이 있는 것 중에서 아주 적은 것을 비유할 때
사용하는 말

옛날 중국 한나라 7대 황제인 무제 때의 이야기예요. 한나라 장군 이릉은 무제의 명을 받고 북방을 위협하는 흉노를 정벌하러 전쟁터로 떠났어요. 그러나 흉노와 10여 일간이나 싸우던 이릉은 결국 패하고 말았어요. 그런데 무제는 전쟁 중에 죽은 줄 알았던 이릉이 흉노에게 항복하여 좋은 대접을 받고 있다는 소식을 들었어요. 이에 화가 난 무제는 이릉의 가족을 죽였어요. 그러자 신하인 사마천(훗날 『사기』라는 유명한 역사책을 쓴 사람이랍니다.)이 간곡히 말했어요.

"소수의 병력으로 수만 명의 오랑캐와 싸우다 흉노에게 항복한 것은 훗날 왕의 은혜에 보답할 기회를 얻기 위함일 것입니다."

그러나 이 말에 더욱 화가 난 무제는 사마천을 옥에 가두고 궁형이라는 무서운 형벌을 내렸어요. 옥에 갇힌 사마천은 친구인 임안에게 참담한 마음을 담은 편지를 보냈어요.

"내가 법에 의하여 사형을 받아도 아홉 마리의 소 중 털 하나 없어지는 것일 뿐이네. 나와 같은 자가 땅강아지나 개미 같은 미물과 무엇이 다르겠는가? 그리고 세상 사람들은 내가 이런 수치스런 일을 당하고도 죽지 않았으니 졸장부라고 여길 걸세."

구우일모는 이 이야기에서 유래하고 있답니다.

정답: Ⓐ ⓞ Ⓑ Ⓧ

뭐? 내가 유령? 흥! 그런 건 내가 찾는 진녀에 비하면 아무것도 아니야.

九	牛	一	毛
아홉 구	소 우	한 일	털 모
九	牛	一	毛

🏯 이반은 이럴 때 사용해요!

• 그 친구의 실수는 **구우일모**나 마찬가지야.

• 너의 노력은 결과에는 아무 영향도 못 주는 **구우일모**의 행동이지.

• 부자인 그 사람에게 그 정도의 돈은 **구우일모**일 뿐이야.

🏯 관련된 말도 같이 배워요!

비 **창해일속(滄海一粟)** 큰 바다에 있는 좁쌀 한 톨이라는 뜻으로, 매우 많거나 넓은 것 가운데 섞여 있는 보잘것없는 것을 비유적으로 의미합니다.

속 **새발의 피** 새의 가느다란 발에서 나온 피라는 뜻으로, 아주 하찮은 일이나 극히 적은 양을 비유적으로 의미합니다.

도전! OX 퀴즈

A 그는 구우일모하여 큰 성공을 거두었다. ( )

B 지금 나의 잘못은 구우일모일 뿐이야. ( )

다음 페이지에서 정답을 확인하세요.

만화로 익히는 故事成語

헉! 무릉도원(武陵桃源) 같던 이 마을이 왜 이렇게 된 거지? 도대체 무슨 일이…!

끄응~

으, 나도 잘 몰라요. 몬스터들이 갑자기 나타나서는 마을을 부수고 사람들을 끌고 갔어요.

아이고, 허리야…

무슨 일이 벌어진 겁니까?

으으으~

몬스터!

무공 님! 현자의 책을 찾았는데 왜 몬스터들이 날뛰는 거죠?

현자의 책 때문에 힘을 잃어버린 마왕이 절치부심(切齒腐心)하더니 더 큰 힘이 담긴 고사성어를 손에 넣었다네. 이 때문에 힘을 되찾은 마왕이 사악한 마법으로 강력해진 몬스터를 앞세워 복수를 시작한 거지.

정답: A X B O

이럴 수가! 그러면 마왕을 물리칠 방법은 없나요?

마왕이 무릉도원 곳곳에 흩어 놓은 고사성어 조각을 모두 찾아야 하네. 하지만 무시무시한 몬스터들이 길목마다 지키고 있어 쉽지는 않을 게야.

메이플 월드의 평화를 위해서라면… 반드시 찾아야죠!

서두르지 말게나. 지금 상태로는 안하무인(眼下無人)으로 날뛰는 몬스터들과 맞서봐야 연목구어(緣木求魚)나 다름없어. 일단 지피지기(知彼知己)라고, 그들의 마법을 파악하고 이를 이겨낼 무예를 새롭게 연마해야 하네.

카르르르

무공 님, 어서 피하십시오. 몬스터들이 몰려오고 있습니다.

후후, 이럴 땐 삼십육계(三十六計)가 최고지. 권불십년(權不十年)이라고, 사람들을 저토록 짓밟는 마왕의 위세도 결코 오래가지 못할 터! 지금은 위기일발(危機一髮)의 상태지만 언젠가 기사회생(起死回生)의 길이 열릴 테니 그때까진 도망을!

응!?

쓰윽

후다다닥

보스 몬스터를 이겨야만 다음 레벨로 갈 수 있다!

무릉 지역에 흩어진 고사성어를 다 찾았는가? 한 번쯤은 들어본 말도 있고 처음 들어보는 말도 있을 것이다. 온고지신(溫故知新)이라고, 옛것을 바로 알아야 새로운 것을 창조할 수 있는 힘이 길러지는 것이다. 자, 이제 몬스터들의 도전이 우리를 기다리고 있다. 앞서 익힌 고사성어들을 잘 기억해 몬스터들을 물리쳐보자.

고사성어 연결하기

고사성어의 음을 찾아 선을 잇고 빈칸에 빠진 한자를 써보세요.

| 三 | 十 | | 計 | •

• 무릉도원

| | 陵 | 桃 | 源 | •

• 위기일발

| 眼 | 下 | | 人 | •

• 삼십육계

| | 機 | 一 | 髮 | •

• 연목구어

| 緣 | 木 | 求 | | •

• 안하무인

| 知 | 彼 | | 己 | •

• 지피지기

달곰
Lv.85

고사성어 찾기

한자들 중 4개의 한자를 찾아 조합하여 설명에 맞는 고사성어를 완성하세요.

生	牛	桃	切
九	陵	病	齒
死	毛	腐	心
武	老	源	一

				사람이라면 누구나 피할 수 없는 고통

				굉장히 많이 있는 것 중에서 아주 적은 것을 비유

				대단히 분하게 여기고 마음 속에 한을 품는 것

				도원명의 『도화원기』에 나오는 복숭아꽃이 만발한 가상의 낙원

고사성어 사다리타기

사다리타기를 하다 보면 고사성어와 그 뜻을 알 수 있어요.

朝	大	權	起
器	三	死	不
回	晚	十	暮
生	年	成	四

기사회생
힘든 역경을 이겨 내고 다시 재기한다

권불십년
막강한 권세라도 오래 가지 못함

대기만성
큰 사람은 오랫동안 공적을 쌓아 늦게 성공한다

조삼모사
당장 눈앞의 차별만 알고 결과가 같다는 것을 모르는 것

천도 향기 가득한 곳!

무릉에서 **폭주하던 몬스터들**을 일망타진하고 **고사성어 조각**을 찾아낸 당신은 이제 **레벨 2**의 실력으로 성장했다. 고사성어 레벨은 이전의 사자성어 레벨과는 차원이 다른 **더욱 강력한 경지**이다.

임무 완수 후 무릉도원의 경치에 흠뻑 빠져 있는 당신 앞에 늙은 도인 무공이 다시 나타난다. "이제 난폭해졌던 숲속의 야생 짐승들이 진정되었는지 얌전해졌다네. 요괴도 더 이상 출몰하지 않고 말이야. 무릉의 사람들이 마음 놓고 숲길을 다닐 수 있게 되었어. 정말 감사하네."

무공은 매우 손쉽게 고사성어 조각을 찾아내 무릉의 몬스터들을 제압하고 레벨 업한 당신의 능력에 칭찬을 아끼지 않는다. 하지만 찾아야 할 조각은 아직 많이 남아 있다. 무공은 최근 이 지역이 혼란해진 틈을 타 신선들에게 바치는 복숭아를 키우던 천도 과수원이 몬스터들에게 점령당했고 바닷가에는 붉은코 해적단 소굴이 자리 잡았다며 고사성어 조각을 찾아 그들을 내쫓아줄 것을 부탁한다.

천도 과수원편

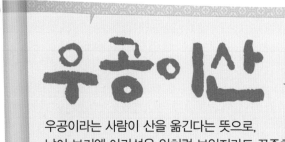

우공이산

우공이라는 사람이 산을 옮긴다는 뜻으로,
남이 보기엔 어리석은 일처럼 보일지라도 꾸준히
노력하면 언젠가는 이룰 수 있음을 의미하는 말

옛날 중국 태항산과 왕옥산 사이에 우공이라는 90세 된 노인이 살고 있었어요. 태항산과 왕옥산은 매우 높고 큰 산인데다가 북쪽이 가로막혀 있어서 다른 지역으로 다니기에 매우 불편했어요.

어느 날 우공이 가족들을 불러 물었어요.

"저 험한 산을 평평하게 만들어 남쪽까지 곧장 길을 내도록 할 것이다. 너희들 생각은 어떠하냐?"

가족들은 다 찬성했으나 우공의 아내만이 "늙은 당신의 힘으로 어찌 저 큰 산을 깎아낸다는 거예요?"라며 반대했어요.

하지만 우공은 아들과 손자들까지 데리고 산을 평평하게 만드는 일에 돌입했어요. 그들은 매일 돌을 깨고 흙을 파서 삼태기와 광주리로 날랐어요. 이를 본 지수라는 사람이 우공을 비웃었지만 우공은 태연히 말했어요.

"내가 죽으면 아들이 계속 할 것이고 아들은 손자를 낳고……. 이렇게 자자손손 이어가면 언젠가는 반드시 저 산이 평평해질 날이 오겠지."

한편, 두 산을 지키는 신들은 점점 산이 없어지는 상황을 천제에게 전했어요. 천제는 우공의 우직함에 감동하고는 힘의 신에게 명하여 태항산과 왕옥산을 각각 다른 지역에 옮겨놓도록 했대요. 결국 우공은 죽기 전에 소원을 이룰 수 있었답니다.

라켓을 휘두른 지도
어언 10년, 이제 목표는
배드민턴 국가대표다!

愚	公	移	山
어리석을 우	존칭 공	옮길 이	뫼 산
愚	公	移	山

메르세데스는 이럴 때 사용해요!

• **우공이산**이라 했으니, 지금부터 열심히 노력하면 꿈을 이룰 수 있을 거야.
• 나는 언제나 **우공이산**이란 말을 생각하며 공부했다.
• **우공이산**이란 말이 있듯이, 모든 노력에는 성과가 따라오게 마련입니다.

관련된 말도 같이 배워요!

비 **적소성대(積小成大)** 작은 것이나 적은 것도 쌓이면 커지거나 많아지는 것을 뜻합니다.
속 **열 번 찍어 안 넘어가는 나무 없다** 꾸준히 지속적으로 노력하면 결국에는 이룰 수 있다는 것을 의미하는 말입니다.

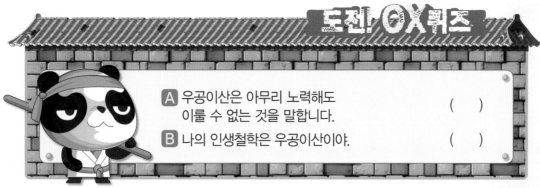

도전! OX퀴즈

A 우공이산은 아무리 노력해도 이룰 수 없는 것을 말합니다. (   )
B 나의 인생철학은 우공이산이야. (   )

다음 페이지에서 정답을 확인하세요.

일일삼추

하루가 삼 년 같다는 뜻으로, 그리워하는
마음이 간절하여 몹시 애를 태우며 기다리는 것을
의미하는 말

옛날 중국의 어느 싯구절이에요.

"하루를 보지 못하는 것이 석 달만 같다.

하루를 보지 못하는 것이 세 가을만 같다.

하루를 보지 못하는 것이 세 해만 같다."

이 시는 어느 여인이 일 때문에 멀리 외국으로 떠난 남편을 기다리며 그
리워하는 마음을 담은 거예요. 여인의 남편은 외국으로 떠난 지 오래되었
는데도 돌아오지 않고 있었어요. 여인은 남편이 너무나 보고 싶었지요. 매
일매일 바구니를 들고 나가 나물을 뜯고 칡뿌리를 캐면서도 남편 생각뿐
이었어요. 그리고 해야 할 일을 모두 끝낸 저녁에는 행여나 돌아오는 남편
을 볼 수 있을까 싶어서 해가 다 질 때까지 마을의 길목을 지켜보곤 했어
요. 하지만 여인의 마음이 남편에게 전해지지 않았는지 남편은 아무리 기
다려도 돌아오지 않았지요.

일일삼추라는 말은 이런 여인의 안타까운 마음이 담긴 시에서 유래한
것이에요. 이 여인처럼 무언가를
하염없이 기다리며 몹시 애를
태우는 모습을 비유하는 말이랍니다.

내가 주문한 양념치킨은
왜 안 와? 지금의 내 마음은
마치 일일삼추 같아.

정답: A X B O

一	日	三	秋
한 일	날 일	석 삼	가을 추
一	日	三	秋

📋 메르세데스는 이럴 때 사용해요!

• 친구의 편지를 기다리는 것이 **일일삼추** 같다.

• **일일삼추**와 같은 마음으로 유학 간 친구를 다시 만나기를 고대했다.

• 견우와 직녀는 **일일삼추**의 심정으로 오랜 세월 서로 그리워했다.

📋 관련된 말도 같이 배워요!

🔵 **일일천추(一日千秋)** 하루가 천 년 같다는 뜻으로, 사랑하는 사람끼리 서로를 생각하는 마음이 간절하나 만날 수 없는 초조함을 나타냅니다.

🔵 **학수고대(鶴首苦待)** 학처럼 목을 길게 빼고 기다린다는 뜻으로, 몹시 기다림을 이르는 말입니다.

도전! OX퀴즈

A 요즘 내 마음은 일일삼추인데, 3년을 어떻게 기다리지?　（　）

B 일일삼추여서 그런지 날짜가 참 빨리 지나간다.　（　）

다음 페이지에서 정답을 확인하세요.

청풍명월

맑은 바람과 밝은 달이라는 뜻으로, 아름다운
자연을 말하거나 결백하고 온건한 성격을
의미하는 말

아주 옛날, 지금으로부터 약 1200여 년 전에 명월리란 동네가 있었어요.
명월리는 행정의 중심지인데다가 경치가 수려하여 시인이나 문인들이
즐겨 찾던 곳이에요. 시인이나 문인들은 이곳을 찾아서 시문을 읊기도 하
고 아름다운 자연을 보며 시간을 보내곤 했어요.

명월리 주변에는 수백 년 된 팽나무로 뒤덮인 숲이 있었는데, 그 숲이
너무나 아름다워서 이곳을 찾는 사람들마다 감탄했어요. 숲은 그 모습만
큼이나 맑은 공기를 자랑했고, 숲에 부는 바람까지도 맑았어요. 그래서
사람들은 숲에 둘러싸인 명월리를 청풍명월이라고 불렀답니다.

요즘도 마찬가지예요. 경치가 수려하고 물이 맑은 고장을 일러 청풍명
월의 고장이라고 하지요. 우리나라에서도 강원도나 충청도의 경치 좋은
곳을 가보면 청풍명월의 고장이라고 쓰인 안내표지를 발견할 수 있답니
다. 그러나 옛날의 명월리처럼 아름다운 자연이 점점 줄어들고 있어서 청
풍명월이란 말의 쓰임새도
같이 줄어들고 있답니다.

너는 마음이 사악하여
청풍명월을 봐도, 그것이
아름다운지 아닌지를
모를 것이다!

정답: A ○ B X

오늘처럼 달이 밝은 날엔 친구가 생각나는구려.

清	風	明	月
맑을 청	바람 풍	밝을 명	달 월
清	風	明	月

📖 메르세데스는 이럴 때 사용해요!

• 물 맑고 공기 좋은 **청풍명월**이라더니 이곳은 정말 멋진 곳이구나.

• **청풍명월**의 경치 좋은 곳인 만큼 쓰레기는 꼭 도로 가져가도록 하자.

• **청풍명월**의 고장에 가면 시 한 수가 절로 나올 것 같아.

📖 관련된 말도 같이 배워요!

비 **연하일휘(煙霞日輝)** 안개와 놀과 빛나는 햇살이라는 뜻으로, 좋은 경치를 말합니다.

비 **산자수명(山紫水明)** 산빛이 곱고 강물이 맑다는 뜻으로, 산수(山水)가 아름다움을 이르는 말입니다.

도전 OX 퀴즈

A 청풍명월의 고장이라면 강원도가 으뜸이지. ( )

B 그곳은 너무나 더러워 청풍명월 같다. ( )

다음 페이지에서 정답을 확인하세요.

허허실실

상대방의 허점을 찌르고 실리를 얻는 계략이라는 뜻으로, 상대방의 약점을 찾아 계략을 짜면서 싸우는 것을 의미하는 말

옛날 중국에 손자라는 사람이 있었는데, 이 사람은 유명한 병법서를 작성했어요. 이 병법서는 『손자병법』이라고 불리는데, 지금까지도 군사학에서 사용하고 있을 정도로 다양하고 정확한 병법의 내용을 다루고 있지요.

그 책에 나오는 병법 중 허허실실이라는 것이 있어요.

적진에서 작전을 수행하는 병사가 사방을 적에게 포위당했을 때 사용하는 방법이에요. 적들이 포위망을 점점 좁혀올 때 병사는 몸을 숨겨야 하지요. 그런데 만약 주변에 울창한 숲과 들판이 있다면 어디로 숨는 게 좋을까요?

대다수의 사람들은 울창한 숲에 숨는 게 좋다고 생각할 거예요. 그러나 손자는 울창한 숲보다 평평한 들판에 숨어야 안전하다고 했어요. 왜냐하면 적들은 당연히 병사가 울창한 숲에 숨을 것이라고 단정하기 때문이지요.

이렇듯 상대방이 생각하는 것을 역으로 생각해 허점을 찌르는 것을 허허실실 병법이라고 한답니다.

허허실실
웃는 것처럼 보이지만 나의 약점은 스캔 중일 거야! 혹시 형도니?

나도 뼈밖에 없어 약해보이지만 실은 강하다고. 튼튼한 이빨과 뾰족한 등뼈를 가지고 있거든.

虛	虛	實	實
빌 허	빌 허	열매 실	열매 실
虛	虛	實	實

메르세데스는 이럴 때 사용해요!

• 너의 **허허실실** 전략에 속아넘어 갈 내가 아니지.

• 어려운 문제에 부딪히면, 때로는 **허허실실**로 접근하는 게 도움이 된다.

• 이번 경기에서 우리 팀은 **허허실실** 전략으로 상대 팀의 허점을 노렸다.

관련된 말도 같이 배워요!

비 **성동격서(聲東擊西)** 동쪽에서 소리를 내고 서쪽에서 적을 친다는 뜻으로, 동쪽으로 쳐들어가는 듯이 적들을 교란시켜 놓고 실제로는 서쪽을 공격하는 것을 의미합니다.

도전! OX퀴즈

A 그는 내 말에 허허실실 웃음소리를 냈다.　　　(　　)

B 승리를 위한 우리의 전략은 허허실실에 있다.　　(　　)

다음 페이지에서 정답을 확인하세요.

과유불급

정도가 지나침은 미치지 못함과 같다는 뜻으로,
모든 사물이 정도가 지나치면 도리어 안 한 것만
못하다는 말

옛날 중국에서 있었던 일이에요. 공자의 제자 중 한 명인 자공이 어느 날 공자에게 물었어요.

"자장과 자하 중 누가 현명합니까?"

자장과 자하도 공자의 제자였는데, 그 둘에 대해 물어본 것이었지요.

언젠가 자장이 공자에게 "어떻게 하면 선비의 경지에 도달할 수 있겠습니까?"라고 물은 적이 있었어요. 공자는 "본성이 곧아 의를 좋아하고, 말과 얼굴빛으로 상대방의 마음을 알며, 신중히 생각하여 남에게 겸손하여야 한다."고 대답하며 자장의 허영심을 은근히 나무랐어요.

한편, 공자는 자하에게는 이렇게 타이른 적이 있었어요.

"군자유(君子儒)가 되고, 소인유(小人儒)가 되지 말라."

군자유란 자신의 수양을 기본으로 하는 구도자를 말하며, 소인유란 지식을 얻는 일에만 급급한 학자를 의미해요.

자장과 자하에 대해 생각한 공자는 자공의 물음에 이렇게 답했어요.

"자장은 지나쳤고, 자하는 미치지 못했다. 지나침은 못 미침과 같다."

자장과 자유 모두 아직 현명하지 못하다는 뜻이지요. 과유불급이란 말은 여기에서 유래된 말이랍니다.

상체만 집중적으로 운동했더니 다리가 짧아졌잖아!

過	猶	不	及
지날 과	같을 유	아니 불	미칠 급
過	猶	不	及

🏮 메르세데스는 이럴 때 사용해요!

• 갑자기 운동을 그렇게 많이 하면 다칠 수 있어. **과유불급**이야.

• 음식을 왜 이렇게 많이 먹어? **과유불급**이란 말도 몰라?

• **과유불급**이란 말처럼 자식에 대한 사랑도 지나치면 부족한 것보다 못하다.

🏮 관련된 말도 같이 배워요!

🔵비 **소탐대실(小貪大失)** 작은 것을 탐하다가 큰 것을 잃는 것을 뜻합니다.

🔵속 **듣기 좋은 꽃노래도 한두 번이지** 듣기 좋은 이야기도 계속 들으면 싫다는 것을 이르는 말로, 좋은 말도 계속 들으면 칭찬이 아닌 것으로 느껴진다는 의미입니다.

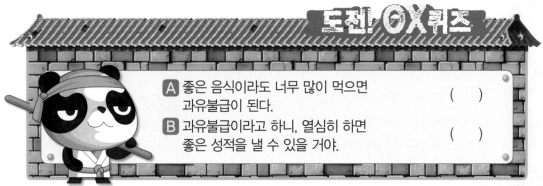

도전! OX퀴즈

Ⓐ 좋은 음식이라도 너무 많이 먹으면 과유불급이 된다. ( )

Ⓑ 과유불급이라고 하니, 열심히 하면 좋은 성적을 낼 수 있을 거야. ( )

다음 페이지에서 정답을 확인하세요.

맹모삼천

맹자의 어머니가 아들인 맹자를 잘 가르치기 위해 세 번 이사한 것을 이르는 말로, 교육에서 환경이 중요하다는 것을 의미하는 말

옛날 중국에 맹자라는 아이가 살았어요. 맹자는 아주 어렸을 때 아버지가 돌아가시고 혼자 남은 어머니의 손에서 자랐지요. 맹자의 어머니는 남의 집 일을 하며 어렵게 생활했기에 집값이 싼 묘지 근처에서 살게 되었어요. 그러던 어느 날, 맹자의 어머니는 맹자가 곡소리를 내며 땅을 파고 노는 것을 보았어요. 놀란 어머니는 당장 시장 근처로 이사를 갔어요. 맹자의 교육에 좋지 않다고 생각한 것이었지요.

시장으로 이사오고 몇 달이 지났어요. 이번에는 맹자가 장난치고 놀면서 물건을 사고파는 장사꾼 흉내를 내는 것이었어요. 맹자의 어머니는 시장 근처도 자식 교육에 좋지 않다고 생각하고 서당 근처로 이사를 갔어요. 그러자 맹자가 책을 읽고, 서당에서 들리는 글소리를 따라하는 것이 아니겠어요? 맹자의 어머니는 비로소 마음이 놓였어요.

"이곳이야말로 아이를 기르기에 더할 나위 없이 좋은 곳이다."며 매우 흡족해한 맹자의 어머니는 그 뒤로는 이사를 가지 않았어요. 그리고 그곳에서 자란 맹자는 공자의 뒤를 잇는 위대한 사상가가 되었답니다.

아무리 맹모삼천이라지만 도서관 안에서 사는 건 아니잖아~

엄마! 우리 또 이사 가나요?

孟	母	三	遷
맹자 맹	어머니 모	석 삼	옮길 천
孟	母	三	遷

🏮 메르세데스는 이럴 때 사용해요!

• **맹모삼천**이란 말처럼 너를 위해 이사를 가야겠다.

• 공부하기 좋은 환경을 위해 어머니는 **맹모삼천**이란 말처럼 세 번이나 이사를 했다.

• **맹모삼천**이면 뭐 하나. 스스로 하지 않으면 소용이 없는 것을.

🏮 관련된 말도 같이 배워요!

🔵 **삼천지교(三遷之敎)** 맹자의 어머니가 아들의 교육을 위해 세 번 이사한 것을 말하는 것으로, 생활 환경이 교육에 큰 역할을 한다는 뜻입니다.

🔵 **황금 천 냥이 자식 교육만 못하다** 부모가 자식에게 주는 가장 크고 좋은 유산은 자식을 교육시키는 일이라는 의미입니다.

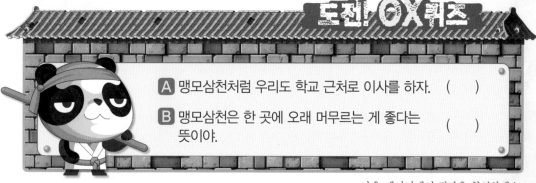

도전! OX 퀴즈

Ⓐ 맹모삼천처럼 우리도 학교 근처로 이사를 하자. ( )

Ⓑ 맹모삼천은 한 곳에 오래 머무르는 게 좋다는 뜻이야. ( )

다음 페이지에서 정답을 확인하세요.

안빈낙도

가난한 생활을 하면서도 편안한 마음으로 도를
지키며 살아간다는 뜻으로, 가난에 구애받지 않고
즐겁게 사는 것을 의미하는 말

공자에게는 안회라는 제자가 있었어요. 공자는 많은 제자들 중에서도 안회를 특히나 아꼈어요. 안회는 매우 열심히 공부했고, 그 때문인지 스물아홉의 나이에 머리가 하얗게 변해버렸지요. 게다가 착하고 너그러운 성품을 갖고 있어, 스승인 공자도 그로부터 배울 점이 많다고 할 정도였어요.

그러나 그런 안회에게도 안타까운 점이 하나 있었어요. 그것은 안회가 너무나 가난하다는 것이었어요. 그래서 고기 반찬은 커녕, 제대로 먹지도 못하는 날이 비일비재했답니다. 그럼에도 안회는 자신의 처지를 슬퍼하거나 원망하지 않았어요. 오히려 가난한 생활을 마음 편하게 생각하고 학문을 추구하고 도를 닦는 데 열심이었어요.

공자는 그런 안회를 보며 흐뭇하게 미소를 지으며 이렇게 칭찬했답니다.

"변변한 음식도 못 먹고, 초라한 곳에 살면서도 아무런 불평이 없구나. 가난을 받아들이며 성인의 도를 쫓고 있으니 이 얼마나 대단한가."

이렇게 안회가 가난을 즐기며 도를 쫓았다는 데서 안빈낙도라는 말이 나왔답니다.

옛 선비들은 가진 것
없어도 안빈낙도하며
살았다는데, 나는 스케이트보드
없으면 못 살 것 같아!

정답: A O B X

가진 건 없어도 마음이 편하면 돼… 배는 좀 고프지만.

安	貧	樂	道
편안 안	가난할 빈	즐길 락	도리 도
安	貧	樂	道

🏛 메르세데스는 이럴 때 사용해요!

• 그 시는 **안빈낙도**하는 자세가 주제다.

• 그는 모든 욕심을 버리고 **안빈낙도**하면서 행복하게 지냈다.

• 돈이 많다고 행복한 것이 아니라 **안빈낙도**할 줄 아는 마음이 중요해.

🏛 관련된 말도 같이 배워요!

🔵 **안분지족(安分知足)** 자기 분수에 만족하고 다른 것에 욕심을 내지 않는 것을 뜻합니다.

🟢 **적게 먹고 가는 똥 누어라** 지나친 욕심을 내지 말고 제 분수에 맞게 생활하는 것이 좋다는 의미입니다.

도전 OX 퀴즈

A 아무리 가난해도 안빈낙도하면 행복할 수 있어. ( )

B 안빈낙도야말로 부자가 되는 방법이야. ( )

다음 페이지에서 정답을 확인하세요.

새옹지마

변방에 사는 노인의 말이라는 뜻으로, 변화가
많은 인생에서 복이나 재앙 모두 기뻐하거나
슬퍼할 일이 아니라는 것을 의미하는 말

옛날 중국의 북쪽 외진 변방에서 한 노인이 말을 기르며 살고 있었어요. 그런데 어느 날 노인이 기르던 말이 멀리 달아나 버렸어요. 노인은 아끼며 기르던 말이었기에 상심했고, 마을 사람들도 노인을 위로했어요. 그런데 노인은 이내 웃으며 말했어요.

"이것이 오히려 좋은 일이 될지 어떻게 알겠나."

몇 달이 지난 어느 날, 달아난 말이 노인 앞에 다시 나타났어요. 그것도 매우 좋은 말 한 마리를 데리고 같이 돌아온 거예요. 마을 사람들이 노인에게 축하의 말을 건넸어요. 노인은 오히려 불안해하며 말했어요.

"이것이 오히려 나쁜 일이 될지 어떻게 알겠나."

며칠 후, 말 타기를 좋아하는 노인의 아들이 좋은 말을 타고 달리다 떨어져서 다리가 부러졌어요. 마을 사람들이 다시 노인을 위로했어요. 그러나 노인은 태연히 말했지요.

"이것이 오히려 좋은 일이 될지 어떻게 알겠나."

그로부터 1년이 지나고, 전쟁이 일어났어요. 마을의 젊은이들은 모두 싸움터로 나가서 싸워야 했고, 그 와중에 대부분 죽었어요. 그렇지만 노인의 아들은 말에서 떨어진 후유증으로 절름발이가 되었기에 싸움터로 나가지 않아도 되었답니다.

몸이 안 좋아져서 포장마차를 시작했는데, 장사가 너무 잘 되네!?

塞	翁	之	馬
변방 새	늙은이 옹	어조사 지	말 마
塞	翁	之	馬

메르세데스는 이럴 때 사용해요!

• 인생은 **새옹지마**라고 하니, 너무 괴로워하지 말거라.

• 사람이 살아가는 데 좋고 나쁜 일이 번갈아 오는 것이 **새옹지마**다.

• 지금 아무리 기쁜 일이 있어도 **새옹지마**라고 하니, 늘 조심하며 살아야 한다.

관련된 말도 같이 배워요!

비 **전화위복(轉禍爲福)** 화가 오히려 복이 된다는 뜻으로, 어떤 불행한 일도 끊임없이 노력하면 행복으로 바뀔 수 있다는 말입니다.

속 **음지가 양지 되고 양지가 음지 된다** 운이란 나빴다가 좋아질 수도 있고 반대로 좋았다가 나빠질 수도 있다는 뜻입니다.

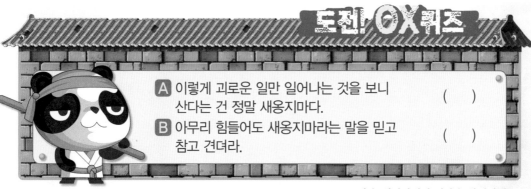

도전 OX퀴즈

A 이렇게 괴로운 일만 일어나는 것을 보니 산다는 건 정말 새옹지마다.　　(　)

B 아무리 힘들어도 새옹지마라는 말을 믿고 참고 견뎌라.　　(　)

다음 페이지에서 정답을 확인하세요.

교언영색

남의 환심을 사기 위해 교묘히 꾸며서 하는 말과
아첨하는 얼굴빛이란 뜻으로, 교묘한 말과 행동에
현혹되지 말라는 의미의 말

옛날 중국에는 공자라는 유명한 대학자가 있었어요. 그는 많은 제자들에게 늘 좋은 이야기를 들려주었고, 제자들은 이에 깊은 감명을 받았지요.

하루는 공자가 제자들에게 아첨하는 자에 대해 가르침을 주며 이렇게 말했어요.

"교묘한 말과 아첨하는 태도에는 '인(仁)'이 적다."

이 말은 말재주가 교묘하고 표정을 보기 좋게 꾸미는 사람 중에서 어진 사람은 거의 없다는 뜻이에요. 또한 공자는 어느 날 이렇게도 말했어요.

"강직하고 의연하며 질박하고 어눌한 사람은 '인'에 가깝다."

이 말은 의지가 굳고 용기가 있으며 꾸밈이 없고 말수가 적은 사람은 '인 (덕을 갖춘 군자)'에 가깝다는 뜻이지요.

이처럼 교언영색은 교묘한 말과 행동으로 자신을 꾸미는 사람에 대해 공자가 비판한 말에서 유래했답니다.

어머~ 너는 어쩌면
어떤 옷을 입어도
그렇게 잘 어울리니?

교언영색하는
거 다 알거든?

만만 번드르한 것들은 한번 의심해봐야 한다니까.

巧	言	令	色
교묘할 교	말씀 언	하여금 령	빛 색
巧	言	令	色

🏯 메르세데스는 이럴 때 사용해요!

• 저 사람은 **교언영색**하는 것이 눈에 보인다.

• 자신의 이익을 위해서 **교언영색**하는 사람이 세상에 너무 많다.

• 그는 자신의 직설적인 행동이 **교언영색**보다 낫다고 말했다.

🏯 관련된 말도 같이 배워요!

비 **아유구용(阿諛苟容)** 남에게 잘 보이려고 구차스럽게 아첨하는 것을 뜻합니다.

속 **호랑이 개 어르듯** 속으로는 딴 생각을 하면서 당장은 좋은 낯으로 상대방을 달래어 환심을 사려고 하는 것을 이르는 의미입니다.

도전! OX퀴즈

A 그녀는 교언영색이 몸에 배었다. ( )

B 바른 말과 행동으로 교언영색하는 사람이 진정한 군자다. ( )

다음 페이지에서 정답을 확인하세요.

일이관지

하나의 이치로 모든 것을 꿰뚫었다는 뜻으로
처음부터 끝까지 변하지 않거나 막힘없이 밀고
나가는 것을 의미하는 말

중국의 대학자 공자에게는 삼천 명이 넘는 제자들이 있었어요. 그들 중에는 뛰어난 제자들도 꽤 있었지요.

어느 날 공자는 그의 제자들 중 자공에게 말했어요.

"자공아, 너는 내가 많이 배워서 도를 안다고 생각하느냐?"

"예. 그렇지 않으십니까?"

자공이 대답했어요. 공자는 자공의 대답을 듣고 말했어요.

"아니다. 나는 하나를 가지고 그것을 관철하고 있는 것이다."

다른 제자들은 공자의 대답에 그 의미를 몰라 어리둥절했지만, 증자만이 정확히 이해했어요. 왜냐하면 공자가 "증삼아, 나의 도는 하나로써 꿰었느니라."라고 말하자 증자가 "예"라고 대답했기 때문이에요.

공자가 나가자 다른 제자들이 증자에게 "무슨 뜻입니까?"라고 물었어요. 증자는 대답했어요.

"선생님의 도는 자기의 정성을 다하며 자기를 용서하는 것처럼 남을 용서할 줄 아는 데 있을 뿐이다."

이 말은 자기의 마음을 미루어 남의 마음까지 헤아린다는 뜻으로, 공자의 사상과 행동이 하나의 원리로 관통되어 있다는 뜻이랍니다.

도토리만 타고
다니 지도 어언 10년
이제는 자면서도
탈 수 있어.

一	以	貫	之
한 일	써 이	꿸 관	이것 지
一	以	貫	之

메르세데스는 이럴 때 사용해요!

• 공부를 할 때 원리를 이해해서 **일이관지**할 줄 알아야 해.

• 나의 마음은 처음 시작할 때부터 지금까지 **일이관지**했으나 상대가 변했다.

• 무슨 일이든지 **일이관지**하는 자세가 없다면 일을 제대로 끝마칠 수 없어.

관련된 말도 같이 배워요!

(비) **초지일관(初志一貫)** 처음에 세운 뜻을 이루려고 한결같이 밀고 나가는 것을 뜻합니다.

(속) **가다가 중지하면 아니 감만 못하니라** 한 번 시작한 것을 끝까지 이루지 못하고 중간에 포기하면 시작하지 않은 것이나 마찬가지라는 의미입니다.

도전! OX퀴즈

A 금방 싫증을 내는 너는 일이관지하구나. ( )

B 한번 시작했으면 일이관지하는 마음으로 ( )
   최선을 다해라.

다음 페이지에서 정답을 확인하세요.

문방사우

종이와 붓, 먹, 벼루 네 가지 문방구를 뜻하는 것으로, 옛날 서재에서 글을 쓰는 데 없어서는 안 되는 네 가지 도구를 의인화하여 쓰는 말

옛날 어느 선비의 서재에서 사이 좋은 네 친구가 말싸움을 했어요.

"이보게, 호치후 저지백. 자네의 말은 틀렸네. 우리의 주인들에게 가장 필요한 것은 나일세."

"관성후 모원예, 무슨 말을 그렇게 하는가! 나란 말일세."

호치후 저지백과 관성후 모원예는 서로 자신이 잘났다고 우겼어요.

"어허, 그만들 하게. 송자후 이현광, 자네도 저 친구들 좀 말려보게."

"즉묵후 석허중, 저러다 말겠지. 솔직히 우리 주인이 글을 쓸 때 가장 필요한 것은 나 아니겠는가? 에헴~"

송자후 이현광은 싸움을 말리자는 즉묵후 석허중의 말에 어깨를 으쓱하고는 가만히 앉아서 호치후 지지백과 관성후 모원예가 싸우는 모습을 쳐다볼 뿐이었어요. 이렇듯 싸움의 끝은 늘 결론이 나지 않았어요.

중국에서는 옛날부터 문인의 서재를 문방이라고 불렀어요. 옛날에는 글을 쓰기 위해서는 붓이 있어야 했고, 그 붓에 먹을 갈아 묻혀서 종이에 썼지요. 벼루는 먹을 갈 때 쓰는 도구예요.

호치후 저지백은 종이를, 관성후 모원예는 붓, 송자후 이현광은 먹을, 즉묵후 석허중은 벼루를 말해요. 이렇듯 문방사우에 벼슬을 뜻하는 '후'를 붙여서 문방사후라고도 했답니다.

정답: A X B O

요즘은 샤프에 샤프심만 넣으면 되잖아? 참 편한 세상이야.

文	房	四	友
글월 문	방 방	넉 사	벗 우
文	房	四	友

🏯 메르세데스는 이럴 때 사용해요!

• 옛 선비들은 **문방사우**를 곁에 두고 살았어요.

• 사극을 보면 양반집 사랑방에는 늘 **문방사우**가 있어.

• **문방사우**를 가지런히 정리해놓으면 마음도 정돈되는 것 같다.

🏯 관련된 말도 같이 배워요!

(비) **지필연묵(紙筆硯墨)** 종이와 붓, 벼루와 먹을 뜻하는 한자말이랍니다.

(참) **북창삼우(北窓三友), 세한삼우(歲寒三友)** 북창삼우는 선비가 즐기는 세 친구라는 의미로 거문고, 술, 시를 뜻하며, 세한삼우는 선비의 절개를 상징하는 것으로 추운 겨울의 소나무, 대나무, 매화를 말합니다.

도전! OX퀴즈

A 문방사우란 바늘, 실, 다리미를 말하는 거야.   (   )

B 서예시험을 위해서 문방사우부터 챙겼다.   (   )

다음 페이지에서 정답을 확인하세요.

견리사의

눈앞의 이익을 보면 먼저 의리를 생각하라는
뜻으로, 이익만을 추구하다 의로움을 저버려서는
안 된다는 의미의 말

어느 날 공자의 제자 중 자로라는 제자가 인간 완성에 대해 묻자 공자가 이렇게 대답했어요.

"지혜, 청렴, 무욕, 용감, 예능을 두루 갖추고 예악으로 교양을 높여야 한다."

여기에 덧붙여 공자는 "정당하게 얻은 부귀가 아니면 취하지 않아야 한다."라고 말했어요.

공자는 인간에게는 교양을 높이는 일이 중요하며, 그 일만큼이나 중요한 것이 어떠한 이익이 앞에 놓여 있을 때, 당장 눈앞의 이익을 생각하기보다는 대의를 먼저 생각하는 자세라고 강조한 것이에요.

이와 관련한 이야기가 있어요. 옛날 고려시대 공민왕 때의 일이에요. 어떤 형제가 함께 길을 가다가 아우가 황금 두 덩이를 주워서 형과 나누어 가졌어요. 그러나 아우는 곧 그 황금을 물속에 버렸어요. 형이 이유를 묻자 아우는 대답했어요.

"나는 형을 무척 좋아하는데, 오늘 금덩이를 보니 형을 시기하는 마음이 생겼어요. 차라리 금을 버려서 이런 마음을 없애자고 생각했지요."

아우의 말에 형도 금을 물속에 버렸답니다. 이익보다는 의로움과 도리를 먼저 생각한 형제들의 우애가 남달라 보이지요?

저기 지갑이 떨어졌잖아!? 몰래 슬쩍하고 싶지만 경찰서에 가져가야겠지?

見	利	思	義
볼 견	이로울 리	생각 사	옳을 의
見	利	思	義

메르세데스는 이럴 때 사용해요!

· **견리사의**라 했거늘, 요즘은 부모와 친구보다 자기 이익을 먼저 생각하는 것 같다.

· 나는 **견리사의**하는 사람이 될 것이다.

· 그는 **견리사의**란 말도 모르는 것처럼 자기 잇속만 챙긴다.

관련된 말도 같이 배워요!

비 **견위수명(見危授命)** 나라가 위태로울 때는 자신의 목숨까지도 바친다는 뜻으로, 『논어-헌문편』에 견리사의(見利思義)와 함께 나오는 말입니다.

속 **물이 아니면 건너지 말고 인정이 아니면 사귀지 마라** 모름지기 사람을 사귈 때, 이익을 좇아 조건을 보지 말고 인정을 전제로 사귀어야 한다는 말입니다.

도전! OX퀴즈

A 친구를 늘 배신하는 너는 견리사의한 사람이다. (　　)

B 견리사의란 말처럼 눈앞의 이익보다는 사람의 도리를 먼저 생각해라. (　　)

다음 페이지에서 정답을 확인하세요.

조강지처

지게미와 쌀겨로 끼니를 이어가며 함께 고생한
아내란 뜻으로, 아내에 대한 사랑과 도리를
잊지 말라는 의미의 말

　　옛날 중국에서 있었던 일이에요. 후한의 왕 광무제에게는 송홍이라는
신하가 있었어요. 송홍은 온후하고 강직한 사람이었지요.

　　어느 날 광무제는 혼자가 된 누이 호양공주에게 신하들 중 마음에 드는
사람이 있는지를 물어보았어요. 호양공주는 송홍을 칭찬했어요.

　　"송공의 위엄 있는 자태와 덕행과 재능을 따를 만한 신하는 없습니다."

　　그러자 광무제는 알겠다며, 병풍 뒤에 호양공주를 숨겨놓고 송홍을 불
러 넌지시 물어보았어요. 왜냐하면 송홍은 이미 결혼을 한 사람이었기 때
문이에요.

　　"옛 속담에 사람이 귀해지면 사귐을 바꾸고, 부자가 되면 아내를 바꾼다
고 하는데 그것이 당연한 일이겠지?"

　　그러자 송홍은 그렇지 않다고 대답했어요.

　　"아닙니다. 신은 가난하고 비천한 때에 사귄 벗은 잊으면 안 되고 지게
미와 쌀겨를 먹으며 고생한 아내는 집에서
쫓아내면 안 된다고 들었습니다."

　　이 말을 들은 광무제와 호양공주는
크게 실망했답니다.

누노야, 조강지처
없으면 못 살아, 못 살아.
정말 못 살아~

조강지처

정답: Ⓐ X Ⓑ O

그러니까 여봇!
당신도 나한테 잘해.

糟	糠	之	妻
지게미 조	겨 강	어조사 지	아내 처
糟	糠	之	妻

🏮 메르세데스는 이럴 때 사용해요!

• **조강지처** 버린 사람치고 잘 된 사람 못 봤다.

• 자기가 잘 되면 **조강지처**를 버리는 사람들이 세상에 너무 많다.

• 같이 고생하며 살아온 **조강지처**를 늘 아끼고 사랑해야 한다.

🏮 관련된 말도 같이 배워요!

비 **조강(糟糠)** 지게미와 쌀겨라는 뜻으로 가난한 사람이 먹는 변변하지 못한 음식을 의미하며, 조강지처의 뜻도 숨어 있어요.

속 **조강지처 버리는 놈치고 잘 되는 법 없다** 자기 아내를 아낄 줄 알아야 다른 일도 잘 된다는 의미입니다.

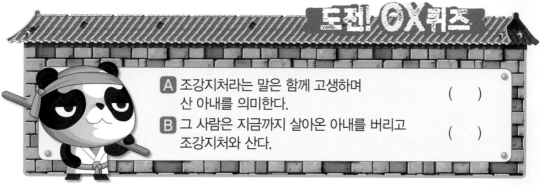

도전! OX 퀴즈

A 조강지처라는 말은 함께 고생하며 산 아내를 의미한다. ( )

B 그 사람은 지금까지 살아온 아내를 버리고 조강지처와 산다. ( )

다음 페이지에서 정답을 확인하세요.

만화로 익히는 故事成語

마법의 비밀이 담긴 고사성어 조각을 손에 넣은 마왕은 메이플 월드를 쑥대밭으로 만들었고, 메르세데스는 다시 평화를 되찾기 위해 무예 연마에 몰두했다.

이보게. 무예 연마는 우공이산(愚公移山)의 마음가짐으로 끈기 있게 해야 돼. 마음만 앞선다고 되는 것이 아니야.

무공 님! 도대체 언제까지 기다려요? 제가 여기 청풍명월(淸風明月)을 즐기러 왔나요? 제게는 일일삼추(一日三秋)라고요. 당장 몬스터랑 싸우러 가게 해줘요~

허허, 자네는 과유불급(過猶不及)이라는 말도 모르나. 무리하게 몸을 쓰다가는 이처럼 탈이 나는 법이야.

땅이 미끄러웠다고요! 하지만 마왕에게 고통 받고 있을 사람들을 생각하면 잠시도 쉴 수가 없어요.

새옹지마(塞翁之馬)라고, 몸이 상했으니 차라리 잘 된 셈이네. 이참에 몸을 추스르면서 나랑 이 무예책을 공부하도록 하세. 무술실력이 일이관지(一以貫之)하자면 무예 이론에도 통달해야 하네.

수련도 부족한데 책이라니…?

그럼 문방사우(文房四友)부터 꺼내게.

어허, 자네는 공책이랑 연필도 없는 겐가?

전 또 문방구에서 사오라는 줄…

문방사우?

우선 그 책에 나오는 허허실실(虛虛實實) 전법부터 익히도록 하겠네.

허허실실 이라고요?

지금처럼 강력한 몬스터와 맞서려면 상대의 허점을 정확히 알고 이를 공략하는 것이 필요해.

이얍

기다려라, 마왕! 반드시 내 손으로 너를 처단하고 메이플 월드의 평화를 되찾고 말겠다!

오호~ 저 날렵한 이단앞차기! 젊었을 때 나를 보는 것 같군!

우왓!

오~ 난다!

이야~ 좀 찰 줄 아는데?

천도 과수원에 흩어진 고사성어는 다 찾았는가? 이제 몬스터들의 도전이 기다리고 있다. 지금까지 배운 고사성어의 기운을 모두 쏟아내 안하무인(眼下無人)의 몬스터들을 물리치고 안빈낙도(安貧樂道)의 무릉도원을 되찾아보자.

고사성어 완성하기

고사성어를 만들려고 해요. 필요없는 한자를 찾아 동그라미 해보세요.

一	霞	日	三	秋	그리워하는 마음이 간절하여 몹시 애를 태우며 기다리는 것
한 일	노을 하	날 일	석 삼	가을 추	

巧	言	東	令	色	남에게 잘 보이려고 그럴 듯하게 꾸며대는 말과 알랑거리는 태도
교묘할 교	말씀 언	동녘 동	하여금 령	빛 색	

一	以	貫	貪	之	처음부터 끝까지 변하지 않거나 막힘없이 끝까지 밀고 나가는 것
한 일	써 이	꿸 관	탐낼 탐	이것 지	

愚	公	小	移	山	남이 보기에 어리석은 일이라도 꾸준히 하면 언젠가는 이룰 수 있음
어리석을 우	존칭 공	작을 소	옮길 이	뫼 산	

見	遷	利	思	義	눈앞의 이익을 먼저 취하는 것이 의리에 합당한 것인지를 생각하라
볼 견	옮길 천	이로울 리	생각 사	옳을 의	

安	貧	知	樂	道	가난에 구애받지 않고 즐겁게 살아간다
편안 안	가난할 빈	알 지	즐길 락	도리 도	

糟	糠	之	爲	妻	몹시 가난하고 힘들 때부터 고생을 함께 겪어온 아내
지게미 조	겨 강	어조사 지	할 위	아내 처	

게비알
Lv.99

고사성어 연결하기

고사성어의 음과 뜻을 읽고 선을 이어 완성해 보세요.

孟 母	虛 虛	清 風

허허실실

상대방의 약점을 찾아 계략을 짜면서 싸우는 것

청풍명월

아름다운 자연을 말하거나 결백하고 온건한 성격

맹모삼천

맹자의 어머니가 아들인 맹자를 잘 가르치기 위해 세 번 이사한 것

明 月	三 遷	實 實

캡틴
Lv.105

고사성어 속담 찾기

고사성어와 비슷한 속담을 찾아 길을 따라가면 그 뜻을 알 수 있어요.

愚 公 移 山	過 猶 不 及	塞 翁 之 馬
❶ 열 번 찍어 안 넘어가는 나무 없다	❶ 집에서 새는 바가지 들에서도 샌다	❶ 음지가 양지되고, 양지가 음지된다
❷ 설마가 사람 잡는다	❷ 보약도 지나치면 해가 된다	❷ 목구멍이 포도청

인생에는 좋고, 나쁜 일이 예정없이 찾아온다는 말

모든 것은 도가 지나치면 안 한 것만 못하다는 말

어떤 일이건 꾸준히 열심히 하면 이루어진다는 말

진귀한 산삼을
찾아서!

고사성어 조각을 모두 입수하여 **과수원의 몬스터**들과 **해적 소굴**을 소탕한 당신
은 이제 **레벨 3의 실력**을 지니게 되었다. 모든 임무를 완수하고 **신선의 과일**인
천도를 맛있게 한입 베어 물려는데! 뿅~하고 무공이 나타난다. 이 할아버지, 정체
가 도대체 뭐지?!

"오호~ 놀라운걸! 무시무시한 몬스터와 해적들을 이렇게 빨리 소탕하다니, 역시 실력이 대
단하군. 이제 과수원에서 수확한 천도를 신선들께 보낼 수 있게 되었네. 정말 고마우이~ "

무공은 해적과 과수원의 몬스터 퇴치를 감사해하며, 이제 습지를 지나 백초마을로 가보라
고 한다. 하지만 노래도 있듯이 늪지대가 나타나면 뭐가 나온다고? 그렇지! 악어 떼를 조
심하란다. 게다가 악어 떼를 물리치고 백초마을에 가도 사악한 힘을 받은 약초들이 몬스터가
되어 돌아다녀 매우 위험하다! 하지만 그들을 물리치면 진귀한 산삼을 먹을 수 있다고! 그
렇다면! 고고싱!!

백초마을편

파죽지세(破竹之勢)　　천신만고(千辛萬苦)　　경국지색(傾國之色)
순망치한(脣亡齒寒)　　각주구검(刻舟求劍)　　괄목상대(刮目相對)
정중지와(井中之蛙)　　수구초심(首丘初心)　　수주대토(守株待兎)
교각살우(矯角殺牛)　　가정맹호(苛政猛虎)　　발본색원(拔本塞源)
촌철살인(寸鐵殺人)

파죽지세

대나무의 한 끝을 갈라 쪼개는 기세라는 뜻으로,
세력이 강하여 거침없이 적을 물리치며 진군하는
기세를 의미하는 말

옛날 중국 삼국시대 말, 진나라의 왕인 무제가 삼국을 통일할 때의 일입니다. 무제는 진남대장군 두예에게 오나라를 물리치라는 명을 내렸어요. 두예는 20만 대군을 거느리고 오나라로 쳐들어갔어요.

다음해 2월, 오나라와의 싸움에서 계속해서 이긴 두예는 장수들과 함께 오나라를 무너뜨릴 마지막 공격을 위해 작전 회의를 열었어요. 회의 중에 한 장수가 말했어요.

"이제 봄이 되면 봄비가 자주 내려 강물이 넘칠 것이고, 또 언제 전염병이 돌지 모르니 지금 오나라의 수도를 공격하는 것은 어렵습니다. 그러니 일단 후퇴했다가 겨울에 다시 공격하는 것이 어떻습니까?"

이 말에 대다수의 장수들이 찬성했어요. 그러나 두예는 단호히 말했어요.

"그건 말도 안 된다. 지금 우리 군사들의 사기는 하늘을 찌를 듯이 높다. 그것은 마치 '대나무를 쪼갤 때의 기세'와 같다. 대나무란 일단 처음 두세 마디만 쪼개면 그 다음부터는 칼날을 대기만 해도 저절로 쪼개지는 법, 어찌 이런 절호의 기회를 놓칠 수 있단 말이냐."

두예는 기세를 몰아 오나라의 수도로 진격하여 단숨에 함락시켰답니다.

좋아! 이 기세로
오늘은 꼭
금을 캐고 말겠어!

破	竹	之	勢
깨뜨릴 파	대 죽	어조사 지	형세 세
破	竹	之	勢

🏮 팬텀은 이럴 때 사용해요!

• 우리 팀이 **파죽지세**로 우승까지 차지했다.

• 이 기세 그대로, **파죽지세**로 달려가자.

• 임진왜란 때 이순신 장군은 **파죽지세**로 일본군을 바다에서 물리쳤다.

🏮 관련된 말도 같이 배워요!

🔵비 **승승장구(乘勝長驅)** 승리나 성공의 세를 몰아 계속 앞으로 나아가는 것을 뜻합니다.

🔵속 **방죽 터진 물 같다** 물이 넘치거나 치고 들어오는 것을 막기 위해 세운 둑이 터져서 물이 쏟아져 들어오는 것을 의미하는 말입니다.

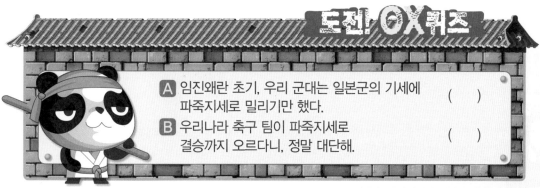

도전 OX 퀴즈

Ⓐ 임진왜란 초기, 우리 군대는 일본군의 기세에 파죽지세로 밀리기만 했다.　(　)

Ⓑ 우리나라 축구 팀이 파죽지세로 결승까지 오르다니, 정말 대단해.　(　)

다음 페이지에서 정답을 확인하세요.

천신만고

천 가지 매운 일과 만 가지 괴로움이란 뜻으로,
온갖 고생을 하고 애를 쓰는 것을 의미하는 말

옛날 중국 서부에 둔황이라는 도시가 있었어요. 그곳에는 대대로 전해 오는 문헌이 있었는데, 도시의 이름을 따서 둔황문헌이라고 불러요.

둔황문헌에는 부모가 자식을 낳고 키우는 것의 고단함에 대해 적힌 부분이 있어요.

바로 아래와 같은 내용이지요.

"전해오는 경문에 이르기를, 부모가 자식을 낳아 돌보고 기르는 것이 천신만고이나, 추위도 애가 우는 소리도 결코 꺼리지 않는다."

이 말은 부모가 자식을 낳아 돌보고 기르는 일이 천신만고의 고생인데도, 부모는 결코 그 수고로움을 마다하지 않는다는 뜻이에요. 그만큼 부모의 은혜는 크고 무겁다는 것을 의미하는 것이지요.

이 말처럼 갖은 고생을 하고 애를 쓰는 것을 '천신만고'라고 해요. 천신만고는 대부분 '~끝에'라는 말과 같이 쓰여 '천신만고 끝에'와 같이 얘기한답니다.

내가 천신만고 끝에 널 찾았으니, 꼭 먹고 말 거야!

정답: A X B O

하아, 하아. 오늘 길에 늑대를 만나서 간신히 도망쳤어.

千	辛	萬	苦
일천 천	매울 신	일만 만	쓸 고
千	辛	萬	苦

🏮 팬텀은 이럴 때 사용해요!

• 산에서 길을 잃은 그는 **천신만고** 끝에 대피소를 찾을 수 있었다.

• 그 친구는 **천신만고** 끝에 대학교 입학시험에 합격했다.

• 고아로 살던 그는 **천신만고** 끝에 부모님을 다시 찾았다.

🏮 관련된 말도 같이 배워요!

🔵비 **천고만난(天苦萬難)** 천 가지 괴로움과 만 가지 어려움이라는 뜻으로, 온갖 고난을 말합니다.

🔵속 **엎친 데 덮친다** 어렵거나 불행한 일이 겹쳐서 계속 일어나는 것을 뜻합니다.

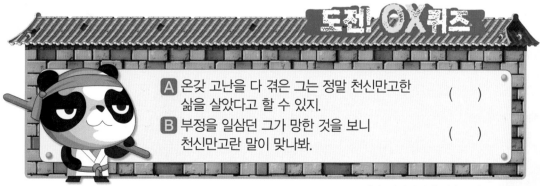

도전! OX 퀴즈

A 온갖 고난을 다 겪은 그는 정말 천신만고한 삶을 살았다고 할 수 있지. ( )

B 부정을 일삼던 그가 망한 것을 보니 천신만고란 말이 맞나봐. ( )

다음 페이지에서 정답을 확인하세요.

경국지색

나라가 위기에 빠져도 모를 정도의 미모라는
뜻으로, 뛰어나게 아름다운 여자를 이르는 말

옛날 중국 한나라에 무제라는 왕이 있었어요.

무제에게는 음악에 재능이 있고 춤에도 뛰어난 재주를 가진 이연년이라
는 신하가 있었어요. 어느 날 이연년이 무제 앞에서 노래를 불렀어요.

"북쪽에 아름다운 사람이 있다네. 그 사람은 세상과 견줄 만한 것이 없
어 홀로 서 있네. 한 번 돌아보면 성이 기울고, 두 번 돌아보면 나라도 기
운다네."

무제는 이 노래를 듣고 노래 속의 주인공이 궁금했어요. 알고 보니 이
노래 속의 주인공은 이연년의 여동생으로, 이연년이 무제에게 자기 여동
생을 자랑하려고 부른 것이었어요.

무제는 이연년의 동생을 궁으로 불렀어요. 궁으로 온 이연년의 동생은
정말 뛰어난 미인이었어요. 무제는 이연년의 동생에게 한눈에 반했답니
다. 미인에게 빠진 무제는 나라를 돌보는 것도 잊고 그녀의 품속에서 헤어
나오질 못했지요.

여기에서 유래한 것이 바로
'경국지색'이란 말이랍니다.

나라가 망해도 좋으니
경국지색의 여인을
만나봤으면... 펑!

정답: A O B X

> 사실 뱀 왕국에서도
> 나를 둘러싼 전쟁이 있었지.
> 예쁜 게 죄니까.

傾	國	之	色
기울 경	나라 국	어조사 지	빛 색
傾	國	之	色

팬텀은 이럴 때 사용해요!

• 양귀비는 **경국지색**이란 말이 어울릴 만큼 빼어난 미인이었다.

• 한 나라의 왕이 **경국지색**에 빠지면 나라가 망한다.

• 미인대회에 참가한 여성들은 하나같이 **경국지색**이었다.

관련된 말도 같이 배워요!

비 **절세미인(絕世美人)** 당대에 견주어 상대가 없을 정도로 뛰어난 미인이라는 뜻입니다.

비 **천하일색(天下一色)** 세상에 다시없는 뛰어난 미인이라는 뜻으로, 천하절색(天下絕色)이라고도 합니다.

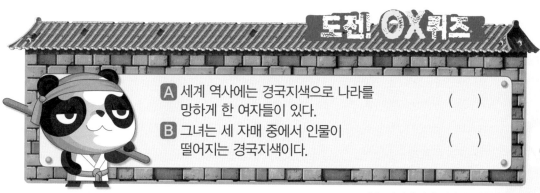

도전! OX 퀴즈

A 세계 역사에는 경국지색으로 나라를
망하게 한 여자들이 있다. ( )

B 그녀는 세 자매 중에서 인물이
떨어지는 경국지색이다. ( )

다음 페이지에서 정답을 확인하세요.

순망치한

입술이 없으면 이가 시리다는 뜻으로, 가까운
사이에 있는 하나가 망하면 다른 하나도 그
영향을 받아 온전하기 어렵다는 것을 의미하는 말

　　옛날 중국 춘추시대 때의 일이에요. 진나라의 헌공이 괵과 우라는 두 나라를 공격하기 위해 길을 나섰어요. 헌공은 괵나라를 먼저 공격할 생각이었어요. 그러나 괵나라로 가기 위해서는 우나라의 영토를 지나쳐야 했어요. 그래서 헌공은 우나라의 왕에게 길을 지나갈 수 있도록 해주면 천하의 명마와 구슬을 주고 우나라와는 형제처럼 지내겠다며 청했어요. 우나라의 왕은 이 말에 솔깃하여 청을 받아들이려고 했어요. 그런데 우나라의 궁지기라는 신하가 이것을 말렸어요.

　　"전하, 괵나라는 우리와 바로 맞대어 있는 곳입니다. 만약 진나라가 괵나라를 멸망시키면 우나라도 같이 망할 것이옵니다. '입술이 없어지면 이가 시리다'라는 말이 있지 않습니까. 바로 이것은 우리나라와 괵나라를 두고 한 말일 것입니다."

　　그러나 왕은 진나라가 준다는 선물에 마음을 빼앗기고 길을 빌려주었어요. 결국 궁지기는 우나라를 떠나기로 결심하고는 떠나면서 말했어요.

　　"우나라는 한 해를 넘기지 못할 것이다."

　　정말 궁지기의 말처럼 괵나라를 멸망시킨 진나라가 돌아오는 길에 우나라도 공격하여 멸망시키고 말았답니다.

내 이 예쁜 입술이
사라진다고!?
상상도 하기 싫어!

脣	亡	齒	寒
입술 순	망할 망	이 치	찰 한
脣	亡	齒	寒

🏯 팬텀은 이럴 때 사용해요!

• **순망치한**이라더니 경쟁업체가 문을 닫는 바람에 우리 가게까지 힘들어졌다.

• 서로가 없으면 불편한 **순망치한** 관계인 우리에게 필요한 건 동반자 정신이야.

• 임진왜란 때 조선이 위기에 빠지자 **순망치한**이 될까 염려한 명나라는 지원군을 파견했다.

🏯 관련된 말도 같이 배워요!

🔵 **순치지국(脣齒之國)** 입술과 이처럼 이해관계가 밀접한 두 나라를 비유적으로 말합니다.

🔵 **이가 없으면 잇몸으로 버틴다** 있던 것이 없어져서 불편하더라도 없는 대로 참고 살아간다
는 뜻의 속담입니다.

도전! OX퀴즈

A 하나가 망하면 도미노처럼 망하는 것을
순망치한이라고 하지.　　　　　　　　　(　)

B 나만 잘 먹고 잘 사는 게 순망치한이야.　(　)

다음 페이지에서 정답을 확인하세요.

각주구검

칼을 물에 떨어뜨리고 그 위치를 뱃전에다
표시한다는 뜻으로, 융통성 없고 미련하며
어리석음을 의미하는 말

옛날 춘추시대 때 초나라에서 있었던 일이에요. 초나라에 사는 한 젊은 이에게는 매우 소중히 여기는 칼이 있었어요. 그는 어디를 가든 늘 그 칼을 가지고 다녔지요.

그러던 어느 날, 젊은이는 그 소중한 칼을 가지고 양자강을 건너기 위해 배를 탔어요. 젊은이는 목적지까지 가는 동안 배 위에서 칼을 수건으로 열심히 닦고 있었어요. 그런데 바람 때문에 배가 갑자기 기울었고, 순간 실수로 칼을 강물에 떨어뜨리고 말았어요. 놀란 젊은이는 얼른 칼을 빠뜨린 위치를 뱃전에 표시했어요.

"칼이 떨어진 자리에 표시를 해놓았으니 나중에 다시 찾을 수 있을 거야."

젊은이는 자신의 영리한 행동에 흐뭇해졌어요. 배가 항구에 도착하자 젊은이는 배에서 내려 표시를 해놓은 뱃전 바로 아래의 물속으로 들어가서 열심히 칼을 찾았어요. 그러나 아무리 찾아도 칼은 보이지 않았어요. 이것을 보던 사람들은 그의 어리석은 행동을 보고 비웃었답니다.

이 이야기를 통해 각주구검(刻舟求劍)은 융통성 없고 미련하며 어리석은 사람을 의미하는 고사성어가 되었어요.

숲 속 나무 밑에 음식을 숨겼는데, 어느 나무였더라? 나무가 너무 많아!

刻	舟	求	劍
새길 각	배 주	구할 구	칼 검
刻	舟	求	劍

🏮 팬텀은 이럴 때 사용해요!

· **각주구검**이란 말처럼, 어리석게도 그는 잃어버린 물건을 전혀 엉뚱한 곳에서 찾고 있었다.

· 지하철에서 흘린 스마트폰을 집에 와서 찾다니, **각주구검**이 따로 없군!

· 그의 행동은 **각주구검**과 같아서 다른 사람들의 비웃음을 살 뿐이야.

🏮 관련된 말도 같이 배워요!

🔵 **수주대토(守株待兎)** 그루터기를 지켜 토끼를 기다린다는 뜻으로, 한 가지 일에만 얽매여 발전 못 하는 어리석음을 의미합니다.

🔵 **제 털 뽑아 제 구멍에 박기** 융통성이 전혀 없고 몹시 고지식함을 비유적으로 뜻하는 말입니다.

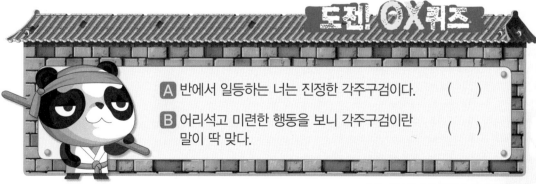

도전! OX 퀴즈

Ⓐ 반에서 일등하는 너는 진정한 각주구검이다. ( )

Ⓑ 어리석고 미련한 행동을 보니 각주구검이란 말이 딱 맞다. ( )

다음 페이지에서 정답을 확인하세요.

괄목상대

눈을 비비고 상대방을 본다는 뜻으로,
남의 학식이나 재주가 놀랄 만큼 향상된 것을
의미하는 말

옛날 중국의 삼국시대 때 일이에요. 세 나라 중 하나인 오나라 손권의 부하 중에 여몽이라는 장군이 있었어요. 그는 원래 졸병이었지만, 전쟁 때 큰 활약을 해서 장군까지 오른 사람이었지요. 그러나 그는 배운 것이 없어 무식했고, 부하들도 그런 여몽을 무시했어요.

어느 날 손권이 여몽에게 병법은 실전도 중요하지만 이론적인 부분도 중요하다고 말하며 이론적인 병법 공부와 함께 학문을 깨우치라고 충고해 줬어요. 그 말을 듣고 깨달음을 얻은 여몽은 전쟁터에서도 손에서 책을 놓지 않고 열심히 공부했답니다.

얼마 후, 뛰어난 학식을 가진 노숙이 여몽과 의논할 일이 있어 여몽이 있는 전쟁터로 찾아갔어요. 여몽과 노숙은 매우 친한 친구였기에 서로의 모든 것을 잘 알고 있었어요. 그런데 여몽과 이야기를 나누던 노숙이 깜짝 놀라며 말했어요.

"아니, 자네. 언제 이렇게 공부했나? 예전의 여몽이 아닐세."

그러자 여몽은 웃으며 말했답니다.

"선비가 헤어진 지 사흘이 지나면 눈을 비비고 다시 대해야 할 정도로 달라져 있어야 하는 법이라네."

제자들의 성장을 지켜보는 것은 기쁜 일이지.

刮	目	相	對
비빌 괄	눈 목	서로 상	대할 대
刮	目	相	對

팬텀은 이럴 때 사용해요!

- 반에서 꼴등을 하던 그 아이가 한 달 만에 1등을 하다니 **괄목상대**로구나.
- 나는 꼭 **괄목상대**하여 나를 무시하던 그 아이의 코를 납작하게 해주겠어.
- 누구나 열심히 노력하면 **괄목상대**할 수 있을 것이다.

관련된 말도 같이 배워요!

비 **일취월장(日就月將)** 날마다 달마다 성장하고 발전한다는 뜻입니다.

비 **일신우일신(日新又日新)** (학문이나 재주가) 날로 새롭고 또 날로 새로워진다는 뜻입니다.

도전! OX 퀴즈

A 넌 늘 제자리걸음만 하는 것을 보니 괄목상대했구나. ( )

B 한 달 만에 만난 그는 괄목상대했다. ( )

다음 페이지에서 정답을 확인하세요.

LEVEL 3

백초마을편

91

정중지와

우물 안의 개구리라는 뜻으로, 좁은 곳에서
살아 넓은 세상의 물정을 모르는 사람을
이르는 말

    옛날 중국의 왕망이 전한을 멸망시키고 세운 왕조인 신나라에 마원이라는 사람이 살았어요. 그는 고향에서 조상의 묘를 지키다가, 농서 지역을 장악한 외효의 부하로 들어갔어요.

    그 무렵, 공손술이라는 사람이 촉 지방을 평정하고 스스로를 황제라 불렀어요. 외효는 공손술이 어떤 인물인지 알아보기 위해 마원을 보냈어요. 공손술은 마원의 고향 친구였어요. 그래서 마원은 공손술이 자신을 반갑게 맞아줄 것이라 생각했어요. 그러나 공손술은 무장한 군사들 속에서 위압적인 자세로 마원을 만나면서 거드름을 피우며 말했어요.

    "옛 우정을 생각해서 자네를 장군으로 임명해줄까?"

    마원은 잠시 생각했어요. '천하의 자웅이 아직 결정되지도 않았는데, 공손술은 예를 갖춰 인재를 맞으려 하지 않고 허세만 부리는구나. 이런 자가 어찌 천하를 통일하겠는가.'

    마원은 서둘러 외효에게 돌아와 말했어요.

    "공손술은 좁은 촉나라 땅에서 으스대는 재주밖에 없는 우물 안 개구리였습니다."

    그의 말은 들은 외효는 공손술과 손잡을 생각을 버리고 훗날 후한의 시조가 된 광무제와 손을 잡았답니다.

정답: Ⓐ X Ⓑ O

비행기라느 것을 타면
날 수 있다고!? 흥! 뿌리 내린 지
오래지만 그런 건
듣도 보도 못했다!

井	中	之	蛙
우물 정	가운데 중	어조사 지	개구리 와
井	中	之	蛙

🏯 팬텀은 이럴 때 사용해요!

· **정중지와**에서 벗어나기 위해 그는 유학을 결심했다.

· 세상 공부를 하지 않으니 **정중지와** 같은 말이나 하는 거야.

· 밖에 나가 사람을 만나야 **정중지와**란 말을 듣지 않을 것이다.

🏯 관련된 말도 같이 배워요!

비 **좌정관천(坐井觀天)** 우물에 앉아 하늘을 본다는 뜻으로, 식견이 매우 좁음을 이르는 말입니다.

속 **우물 안 개구리가 바다 넓은 줄 모른다** 좁은 식견으로 사는 사람은 그 이상의 세상에 대해서 모른다는 말입니다.

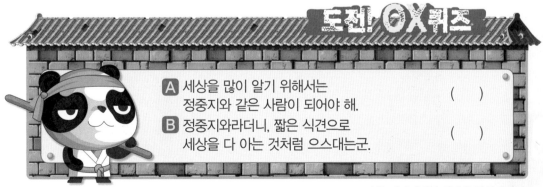

도전! OX퀴즈

A 세상을 많이 알기 위해서는   (   )
정중지와 같은 사람이 되어야 해.

B 정중지와라더니, 짧은 식견으로   (   )
세상을 다 아는 것처럼 으스대는군.

다음 페이지에서 정답을 확인하세요.

수구초심

여우가 죽을 때 자기가 살던 굴이 있는 언덕 쪽으로
머리를 둔다는 뜻으로, 고향을 그리워하는
마음을 의미하는 말

옛날 주나라의 문왕과 무왕을 도와 은나라를 멸망시키고 주나라를 세운 강태공이라는 사람이 있었어요. 그는 그 공로로 제나라의 제후로 임명됐고, 자신이 봉토로 받았던 제나라의 영구라는 곳에서 죽었어요. 이에 주나라 황실에서는 주나라 개국공신이었던 강태공을 당시 주나라 수도였던 호경에서 성대하게 장례를 치러주었지요.

이것을 두고 옛 사람들이 말하기를 "음악은 그 자연적으로 발생하는 바를 즐기며, 예란 그 근본을 잊지 않는 법이다."라고 하면서 주나라 황실이 강태공을 지극히 대접하는 것을 칭찬했지요. 그러면서 "여우가 죽을 때에 머리를 자기가 살던 굴 쪽으로 바르게 향하는데, 이것은 인(仁)이다."라고도 했어요.

이 이야기에서 수구초심(首丘初心)이란 말이 유래했답니다. 근본을 잊지 않는다는 뜻으로 사용된 수구초심은 요즘에는 고향을 그리워하는 마음을 뜻하는 말로 사용된답니다.

나는 죽기전에 여우굴을 찾을때

이건 그 뜻이 아니잖아! 퍽!

정답: A X B O

요즘 들어 부쩍 고향 생각이 나네.

首	丘	初	心
머리 수	언덕 구	처음 초	마음 심
首	丘	初	心

🏠 팬텀은 이럴 때 사용해요!

• **수구초심**이라더니, 나이가 들수록 고향 생각이 자꾸 난다.

• 타향 생활이 길어질수록 **수구초심**의 심정도 깊어진다.

• 고향을 떠나지 않고 산다면 **수구초심**할 일도 없다.

🏠 관련된 말도 같이 배워요!

비 **호사수구(狐死首丘)** 여우는 죽을 때가 되면 자기가 살던 굴이 있는 언덕으로 머리를 돌린다는 뜻으로, 근본을 잊지 않고 고향을 그리워하는 것을 의미합니다.

속 **까마귀도 내 땅 까마귀라면 반갑다** 고향을 떠나면 아무리 하찮은 것이라도 반갑다는 뜻입니다.

도전! OX퀴즈

A 죽기 전에 고향에 가고 싶어 하는 것을 수구초심이라고 해.　　(　)

B 여우가 죽는 것을 수구초심이라고 한다.　　(　)

다음 페이지에서 정답을 확인하세요.

수주대토

그루터기를 지켜 토끼를 기다린다는 뜻으로,
한 가지 일에만 얽매여 발전을 모르고 융통성이
없는 어리석음을 의미하는 말

옛날 중국의 송나라에서 있었던 일이에요. 송나라의 어느 마을에 한 농부가 살고 있었어요. 농부가 밭을 열심히 갈고 있는데, 갑자기 숲에서 토끼한 마리가 뛰어나오더니 밭 가운데에 있는 나무 그루터기를 피하지 못하고 부딪혀 죽는 거예요. 농부는 그것을 보고는 깜짝 놀랐어요. 그리고 죽은 토끼를 잡아서 집에 오는 길에 생각했어요.

'와, 내일도 토끼가 그루터기에 부딪혀서 죽으면 난 힘들게 밭일 같은 건 하지 않아도 되겠다.'

농부는 당장 그 다음날부터 밭일은 하지도 않고 매일매일 그루터기가 잘 보이는 곳에 숨어서는 토끼가 숲에서 뛰어나와 그루터기에 부딪혀 죽기를 기다렸어요. 그러나 그런 일은 다시는 일어나지 않았어요. 그러는 사이에 농부의 밭은 황폐해져서 농작물을 수확할 수 없을 지경에 이르렀어요. 이런 농부의 이야기는 동네에 퍼지더니 급기야는 온 나라의 웃음거리가 되었답니다.

재가 저렇게 수주대토하는 건 어렸을 적에 한약을 잘못 먹어서일 거야.

열매가 왜 이거 안 떨어지지?

정답: A ○ B X

이 안에 숨어 기다리면 언젠간 먹잇감이 지나가겠지.

守	株	待	兎
지킬 수	그루 주	기다릴 대	토끼 토
守	株	待	兎

🏮 팬텀은 이럴 때 사용해요!

• 길바닥에 떨어진 돈을 찾는 너야말로 **수주대토**하는 사람이야.

• **수주대토**하는 사람치고 발전하는 사람이 없다.

• 융통성 없고 어리석은 그는 **수주대토**란 말이 딱 어울려.

🏮 관련된 말도 같이 배워요!

비 **각주구검(刻舟求劍)** 융통성 없고 세상일에 어둡고 어리석다는 뜻입니다.

속 **미련한 송아지 백정을 모른다** 겪어 보지 않았거나 어리석어서 사리에 어두움을 비유적으로 이르는 말입니다.

도전! OX퀴즈

A 어리석은 너야말로 수주대토의 대명사다. ( )

B 넓은 세상을 겪으면서 수주대토한 사람이 되어봐. ( )

다음 페이지에서 정답을 확인하세요.

교각살우

소의 뿔을 바로잡으려다가 소를 죽인다는 뜻으로, 결점이나 흠을 고치려다가 오히려 일을 그르치는 것을 의미하는 말

옛날 중국에서 있었던 일이에요. 중국에서는 예전에 종을 처음 만들 때 뿔이 곧게 나 있고 잘생긴 소의 피를 종에 바르고 제사를 지내는 풍습이 있었어요.

어느 마을의 농부가 종을 만들기 위해 제사를 지내기로 했어요. 농부는 좋은 종을 만들기 위해 정성스럽게 제사에 필요한 것들을 준비했어요. 그리고 마지막으로 잘생긴 소를 찾아 외양간으로 들어갔어요. 소는 제사 지낼 때 가장 중요한 것이기에 농부는 소 한 마리, 한 마리를 세심히 살펴봤어요. 그러다 정말 잘생긴 소 한 마리를 발견했는데, 하필 그 소의 뿔이 곧게 뻗어 있지 않고 조금 휘어 있는 거예요. 완벽한 준비를 원했던 농부는 그 아주 미세한 휘어짐도 참을 수가 없었어요.

"소의 뿔을 곧게 만들기 위해 줄로 뿔을 칭칭 동여매놔야겠어."

농부는 소의 뿔을 바르게 펴려고 뿔을 팽팽하게 동여매었어요. 그렇게 얼마나 흘렀을까, 칭칭 동여매어진 뿔 때문에 괴로워하던 소가 몸부림을 치다가 결국 뿔이 뿌리째 빠지고 말았어요. 큰 상처로 인해 피를 많이 흘린 소는 결국 죽고 말았답니다.

옷에 뭔가 묻어서
지운다고 빨다가
찢어져버렸네.
--

정답: Ⓐ ○ Ⓑ X

집에 바퀴벌레가 있더라고. 너무 많은데 그냥 확 불질러버릴까?

矯	角	殺	牛
바로잡을 교	뿔 각	죽일 살	소 우
矯	角	殺	牛

🏯 팬텀은 이럴 때 사용해요!

• **교각살우**라더니, 눈에 들어간 티를 제거하려다 그만 결막염에 걸렸어.

• 결점을 고치는 것은 좋은데, 너무 지나쳐 **교각살우**하는 일은 없도록 해.

• **교각살우**라더니, 손바닥에 박힌 가시를 빼려다 손에 상처가 났어.

🏯 관련된 말도 같이 배워요!

비 **교왕과직(矯枉過直)** 구부러진 것을 바로잡으려다 너무 곧게 한다는 뜻으로, 잘못을 바로잡으려다 오히려 일을 그르친다는 의미입니다.

속 **빈대 잡으려고 초가삼간 태운다** 손해를 크게 볼 것은 생각하지 않고 당장의 마땅찮은 것을 없애려고 덤비기만 한다는 뜻입니다.

도전! OX 퀴즈

A 교각살우한 덕택에 나쁜 습관을 고쳤다. ( )

B 신중한 그는 교각살우하는 법이 없다. ( )

다음 페이지에서 정답을 확인하세요.

가정맹호

가혹한 정치는 호랑이보다 무섭다는 뜻으로,
혹독한 정치의 폐해를 의미하는 말

옛날 중국 춘추시대 때 노나라에서 있었던 이야기예요. 노나라의 대신 중 한 명인 계손자는 백성들에게서 세금을 가혹하게 거두어들여 엄청난 부를 축적하고 있었어요.

어느 날, 공자가 제자들과 더불어 수레를 타고 노나라를 여행하고 있었어요. 태산 근처에 이르렀을 때, 깊은 산 속 어디선가 여인의 울음소리가 들려왔어요. 공자는 이상하게 여겨 그곳을 살펴보았어요. 그 울음소리는 깊은 산 속에 있는 어떤 무덤 근처에서 들려오고 있었어요. 공자는 제자인 자로에게 사연을 알아오게 했어요. 자로가 무덤 쪽으로 가니 한 여인이 통곡하고 있었는데, 무슨 일이냐고 묻자 그녀가 대답했어요.

"이곳은 참으로 무서운 곳이랍니다. 옛날에는 시아버님이 호랑이에게 물려 돌아가셨고, 얼마 전에는 제 남편과 자식도 모두 물려 죽었어요."

자로가 물었어요.

"이렇게 무서운 곳을 왜 떠나지 않으십니까?"

그녀는 울면서 말했어요.

"그래도 여기는 가혹한 세금에 시달릴 걱정이 없기 때문이에요."

이 말을 들은 공자는 제자들에게 말했어요.

"가혹한 정치는 호랑이보다 더 무서운 것이니라."

정치란 놈이 나보다 더 무섭다는데, 한번 만나보고 싶군.

苛	政	猛	虎
가혹할 가	정사 정	사나울 맹	범 호
苛	政	猛	虎

🏮 팬텀은 이럴 때 사용해요!

• 그 시대에는 **가정맹호**를 피해 사람들이 모두 산으로 숨어들었다.

• **가정맹호**라더니, 갈수록 백성들이 살기 어렵구나.

• 지난 독재정권 때를 생각해 보면 **가정맹호**란 말이 가슴에 와 닿는다.

🏮 관련된 말도 같이 배워요!

비 **가렴주구(苛斂誅求)** 가혹하게 세금을 거두거나 백성의 재물을 억지로 빼앗는 것을 뜻합니다.

비 **학정(虐政)** 매우 혹독하고 포악한 정치를 뜻하는 말로, 폭정(暴政)이라고도 합니다.

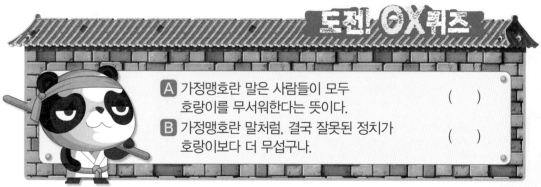

도전! OX 퀴즈

A 가정맹호란 말은 사람들이 모두 호랑이를 무서워한다는 뜻이다. ( )

B 가정맹호란 말처럼, 결국 잘못된 정치가 호랑이보다 더 무섭구나. ( )

다음 페이지에서 정답을 확인하세요.

발본색원

근본을 빼내고 원천을 막는다는 뜻으로,
좋지 않은 일의 근본 원인이 되는 것을 완전히
없애버린다는 의미의 말

중국의 『춘추좌씨전』이라는 책에 나오는 이야기예요. 주나라 무왕의 어린 아들인 성왕이 이렇게 말했어요.

"나에게 작은아버지가 계시는 것은 마치 의복에다 갓이나 면류관을 갖춘 것과 같고, 나무의 뿌리와 물의 근원이 있는 것과 같고, 백성들에게 지혜로운 임금이 있는 것과 같다. 만약 작은아버지께서 갓을 찢고 면류관을 부수고, 나무의 뿌리를 뽑고, 물의 근원을 막고, 지혜로운 임금을 완전히 버리셨다면, 비록 오랑캐라고 한들 그 어찌 한 사람조차 남아 있었겠는가."

여기에서 작은아버지는 바로 주공이에요. 주공은 무왕이 죽고 어린 성왕이 왕위에 오르자 성왕을 지성으로 보좌해 주나라의 기틀을 세운 사람이죠. 그런 주공에게 성왕은 크게 의존했어요.

이 이야기에서 유래된 발본색원(拔本塞源)의 본래 뜻은 근본을 위태롭게 한다는 의미예요. 성왕은 주공이 어린 군주인 자신을 도와 근본을 지켜주었기에 주나라가 위기에 빠지지 않게 되었다고 고마움을 전하면서도, 나라의 근본인 군주의 지위를 위태롭게 하면 안 된다는 뜻도 나타낸 것이죠. 오늘날에는 폐단을 뿌리째 뽑아서 근본적인 문제를 해결한다는 의미로 사용하고 있어요.

요즘 불량배들이 많다던데, 단속을 강화해서 싹을 뽑아야겠군.

拔	本	塞	源
뽑을 발	근본 본	막힐 색	근원 원
拔	本	塞	源

🏯 팬텀은 이럴 때 사용해요!

· 검찰은 그 사기꾼 집단을 **발본색원**해야 할 것이다.

· 대학 입시 때 부정행위를 하는 사람들을 끝까지 **발본색원**해야 한다.

· 나는 그의 못된 버릇을 **발본색원**해서 반드시 바로잡을 것이다.

🏯 관련된 말도 같이 배워요!

비 **거기지엽(去其枝葉)** 가지와 잎을 제거한다는 뜻으로, 사물의 원인이 되는 것을 없앤다는 말입니다.

비 **삭주굴근(削柱掘根)** 줄기를 자르고 뿌리를 파낸다는 뜻으로, 화근(禍根)을 뽑아버린다는 말입니다.

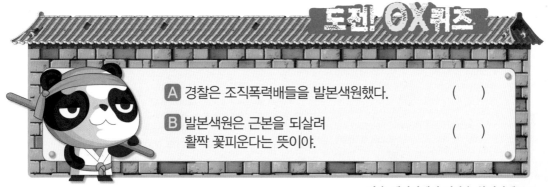

도전! OX퀴즈

A 경찰은 조직폭력배들을 발본색원했다. (   )

B 발본색원은 근본을 되살려 활짝 꽃피운다는 뜻이야. (   )

다음 페이지에서 정답을 확인하세요.

LEVEL 3 고사성어 레벨업

촌철살인

작고 날카로운 쇠붙이로도 사람을 죽일 수 있다는 뜻으로, 짧은 말로 사람을 감동시키거나 핵심을 찌르는 것을 의미하는 말

옛날 중국 남송에 나대경이라는 학자가 살고 있었어요. 그는 밤마다 집으로 찾아오는 손님들과 함께 나눈 이야기를 기록했는데, 그 책의 이름이 『학림옥로』예요.

그 책에는 나대경과 이야기를 나눈 종고선사란 손님에 대한 이야기가 나와요. 종고선사는 선(善)에 대해 아래와 같이 얘기했어요.

"어떤 사람이 무기를 한 수레 가득 싣고 왔다고 해서 사람을 죽일 수 있는 것은 아니다. 오히려 손가락 한 개 폭도 안 되는 칼만 있어도 사람을 죽일 수 있다."

이 말은 선의 본바탕을 파악한 말로, 여기서의 사람을 죽인다는 것은 무기로 사람을 죽인다는 말이 아니라 마음속의 속된 생각을 없앤다는 말이에요. 원래 '촌철살인'은 이와 같이 모든 일에서 온몸과 온 정신을 기울여 수양을 쌓으면 작은 변화 속에서도 큰 깨달음을 얻을 수 있다는 의미였는데, 오늘날에는 간단한 말 한 마디로도 상대편의 허를 찔러 당황하게 만들거나 감동시킬 수 있다는 뜻으로 쓰인답니다.

너는 너무 나빠!

윽, 저 말은 촌철살인이야~ 으윽!

이렇게 작은 침이라도 충분히 위협적이야.

寸	鐵	殺	人
마디 촌	쇠 철	죽일 살	사람 인
寸	鐵	殺	人

팬텀은 이럴 때 사용해요!

• 너의 **촌철살인**은 가히 천재적이야.

• 웃으면서 하는 그의 말 속에는 **촌철살인**의 예리함이 담겨 있다.

• 정치인은 **촌철살인**하는 능력도 갖고 있어야 한다.

관련된 말도 같이 배워요!

비 **정문일침(頂門一鍼)** 정수리에 침 하나를 꽂는다는 뜻으로, 따끔하고 매서운 충고나 교훈을 의미합니다.

참 **정곡을 찌르다** 정곡(正鵠)이란 과녁의 한복판이 되는 점으로, 사물의 중요한 요점이나 핵심을 지적한다는 뜻입니다.

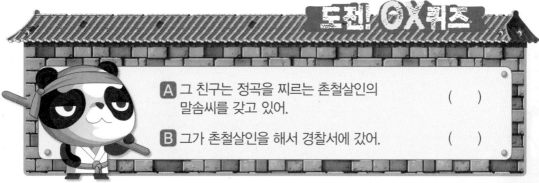

도전! OX 퀴즈

A 그 친구는 정곡을 찌르는 촌철살인의 말솜씨를 갖고 있어.　　　( )

B 그가 촌철살인을 해서 경찰서에 갔어.　　　( )

다음 페이지에서 정답을 확인하세요.

무공의 가르침 속에 무예 실력이 나날이 늘고 있던 팬텀.
하지만 저항세력을 진압하라는 마왕의 명령을 받은
몬스터들이 쳐들어오면서 다시 위기에 빠지는데…

아니, 어디까지
왔다는 겐가?

무공 님!
큰일입니다.
몬스터들이 파죽지세
(破竹之勢)로 이곳을
향해 쳐들어오고
있습니다.

산 넘어 습지까지
이미 저들의 손에
들어갔습니다.

무공 할아범!
걱정 말라고! 내가
나가 몬스터들을
물리칠게.

안 돼. 자네의 무예 솜씨가
비록 괄목상대(刮目相對)
했지만 아직은 정중지와
(井中之蛙)에 불과하네.

허허, 큰일이로군.
그곳은 우리에게
순망치한(脣亡齒寒)과
같은 존재였는데…

하지만 이대로 물러설 수는
없잖아. 내가 저들을 상대하는
동안 할아범은 사람들을 데리고
이곳을 먼저 빠져나가면 돼.

음. 하는 수 없군.
자네도 시간을 끌다
재빨리 후퇴하도록 하게.
명심하게. 절대 정면
대결은 금물일세.

염려 붙들어
매라고.

팬텀은 용감하게 몬스터들을 상대했지만 역부족이었다. 천신만고(千辛萬苦) 끝에 몬스터들을 간신히 따돌리고 빠져나온 팬텀은 눈물을 머금고 후퇴할 수밖에 없었다.

크윽… 이번은 물러서지만, 다음 기회에는 용서치 않겠다.

그뒤 메이플 월드는 마왕의 가정맹호(苛政猛虎) 아래 신음했다. 몬스터들은 반란세력을 발본색원(拔本塞源)하기 위해 날뛰었다.

감히 이 마왕에게 맞설 자가 또 있느냐!

크크크, 맛있는 산삼을 배불리 먹겠군!

우와! 포스 작렬~ 역시 오빠 마왕스타일~

보스 몬스터를 이겨야만 다음 레벨로 갈 수 있다!

한 단계 더 레벨 업된 당신은 고사성어의 달인, 아니 군계일학(群鷄一鶴)이라 말하고 싶다. 이제 더욱더 강한 몬스터들과의 대결이 기다리고 있지만, 레벨 업된 지혜를 십분 발휘해 파죽지세(破竹之勢)로 몬스터들을 물리쳐보자. 이번 도전을 이겨내면 전설의 무릉도장에서 강력한 보스급 몬스터들과 만나게 될 것이다.

고사성어 연결하기

빈칸에 한자를 적어 고사성어를 완성하고 그 뜻을 찾아 선을 이어보세요.

竹	之	勢
깨뜨릴 파	대 죽	어조사 지	형세 세

•   • 세력이 강하여 거침없이 적을 물리치며 진군하는 기세를 의미하는 말

首	丘		心
머리 수	언덕 구	처음 초	마음 심

•   • 혹독한 정치의 폐해를 의미하는 말

矯		殺	牛
바로잡을 교	뿔 각	죽일 살	소 우

•   • 죽어서라도 고향 땅에 묻히고 싶어하는 마음을 의미하는 말

苛	政	猛	
가혹할 가	정사 정	사나울 맹	범 호

•   • 결점이나 흠을 고치려다가 오히려 일을 그르치는 것을 의미하는 말

	株	待	兎
지킬 수	그루 주	기다릴 대	토끼 토

•   • 서로 도우며 떨어질 수 없는 밀접한 관계를 의미하는 말

脣	亡	齒	
입술 순	망할 망	이 치	찰 한

•   • 한 가지 일에만 얽매여 발전을 모르고 어리석음을 의미하는 말

늙은도라지 Lv.96

숨은 고사성어 찾기

가로, 세로 혹은 대각선으로 되어 있는 고사성어를 찾아보세요.

刻	刮	移	方	愚	人	有
舟	之	目	貧	事	就	拔
求	貫	公	相	軍	糠	本
劍	千	語	九	對	大	塞
巧	辛	妻	利	薄	秋	源
三	萬	成	井	中	之	蛙
道	苦	山	食	言	說	恩

❶ 刮目相對 눈을 비비고 상대방을 보다.

❷ 千辛萬苦 천 가지 매운 일과 만 가지 괴로움

제시어 입니다.

❸ 井中之蛙 우물 안의 개구리

❹ 拔本塞源 근본을 빼내고 원천을 막다.

❺ 刻舟求劍 물에 빠진 칼의 위치를 배에 표시하고 칼을 찾다.

크루
Lv.103

고사성어 퍼즐 잇기

같은 몬스터를 따라가면 고사성어 반쪽을 찾을 수 있어요.

脣亡

입술 순　망할 망

寸鐵

마디 촌　쇠 철

傾國

기울 경　나라 국

齒寒

이 치　찰 한

殺人

죽일 살　사람 인

之色

어조사 지　빛 색

자네라면 간단히 통과하리라 믿었네! 허허허~

당신은 늪지대의 악어 떼를 몰아내고 약초밭의 몬스터들을 일망타진하면서 이 지역의 고사성어도 모두 찾아냈다. 축하한다! 당신의 실력은 이제 한 단계 더 레벨 업된 것이다.

약초밭에서 찾아낸 산삼을 우걱우걱 씹어 먹는 당신 앞에는 거대한 탑이 서 있다.

"이 탑은 무릉도장이라고 부르지."

뒤를 돌아보니 어느새 늙은 도인 무공이 와 있다.

"이 탑은 과거 전설의 쿵푸 마스터가 사람들을 괴롭히던 각 지역의 몬스터들을 잡아 가둬 놓기 위해 만들었다고 하네. 물론 각 층마다 쿵푸 마스터가 잡아온 강력한 보스급 몬스터 들이 갇혀 있고, 아마도 그들이 나머지 고사성어 조각도 갖고 있을 것이네."

그리고 무공은 무릉도장의 꼭대기에 희귀한 보물이 있을 것이라고 말해주면서 "조금 있다 보세~"라는 말과 함께 사라져 버린다. 과연 무공의 정체는 무엇이란 말인가…. 이제 마지막 고사성어 조각을 찾기 위해 강력한 몬스터들이 기다리는 무릉도장의 거대한 문을 열어보자.

무릉도장편

LEVEL
4

태평성대

어질고 착한 임금이 다스리는 태평한 세상이라는 뜻으로, 나라에 혼란 따위가 없어 백성들이 편안히 지내는 시대를 의미하는 말

옛날 중국의 성군으로 요임금과 순임금이 있었어요. 요임금은 이상적인 정치를 한 성군이었고, 순임금은 그 효심이 천하에 알려질 정도였어요.

요임금은 백성들과 똑같은 초가집에 살았어요. 백성 중 굶는 사람이 있으면 직접 먹을거리를 구해줬고, 아픈 사람이 있으면 직접 보살폈어요. 50년 동안 왕위에 있었던 요임금은 자기의 아들인 단주가 어리석어서 임금의 자질이 부족함을 알고는 순이라는 현자를 불러 왕위를 넘겨주었어요. 순임금도 새벽같이 밭에 나가 백성들과 똑같이 농사를 짓고 물고기를 잡으며 살았어요. 또한 요임금처럼 자신의 아들이 아닌, 신하 중에서 어질고 훌륭한 인재에게 임금의 자리를 물려주었어요.

요임금이 순임금에게 왕위를 넘겨주기 전에 이런 일이 있었어요. 요임금이 허유라는 사람에게 왕이 되기를 청했어요.

"내 뒤를 이어 그대가 임금이 되면 천하가 잘 다스려질 것 같습니다."

"왕께서 이미 천하를 잘 다스리고 있는데, 내가 왜 왕이 되겠습니까?"

왕이 되길 권하는 요임금의 말을 들은 허유는 더러운 말을 들었다며 귀를 씻고 깊은 골에 숨었어요.

그만큼 요임금이 나라를 잘 다스렸기 때문이지요. 요임금과 순임금이 다스린 시대를 요순시대라고도 하며, 태평성대를 상징하는 말이 되었어요.

지구를 정복하기 위해선 우선 어진 임금이 되어야겠군.

太	平	聖	代
클 태	평평할 평	성인 성	시대 대
太	平	聖	代

아란은 이럴 때 사용해요!

• 그 지도자는 부정부패를 몰아내고 **태평성대**를 이루었다.

• **태평성대**를 이루려면 전쟁을 피해야 한다.

• 정치인들이 정치만 제대로 한다면 **태평성대**의 나라가 될 거야.

관련된 말도 같이 배워요!

비 **강구연월(康衢煙月)** 강구(康衢)는 사람의 왕래가 많은 거리를 뜻하며, 연월(煙月)은 연기가 나고 달빛이 비친다는 뜻으로, 태평한 세상의 평화로운 풍경을 의미합니다.

속 **태평성대에는 백성들이 왕 이름도 모른다** 왕의 이름을 몰라도 될 만큼 나라가 풍요로워서 잘 살고 있다는 의미입니다.

도전! OX퀴즈

A 나라는 어진 임금이 다스려야 태평성대를 누릴 수 있다. ( )

B 당황한 그의 표정에서는 태평성대의 모습이 드러났다. ( )

다음 페이지에서 정답을 확인하세요.

도원결의

복숭아나무 아래에서 의형제를 맺는다는 뜻으로, 사람들이 목적을 이루기 위해 하나가 되는 것을 의미하는 말

옛날 중국 후한 때의 일이에요. 한나라 왕의 후손이었던 유비는 어려서 아버지를 여의고 어머니와 함께 가난하게 살았어요. 그런데 당시는 황건적이라 불리는 도적 무리가 난을 일으켜서 나라가 매우 어지러웠어요. 그래서 나라 곳곳에 난을 평정하기 위해 군사를 모집하는 방이 붙었어요. 방을 보던 유비가 한숨을 쉬고 있을 때였어요. 옆에서 같이 방을 보고 있던 장비가 물었어요.

"왜 사내대장부가 나라를 위해 힘을 쓰려 하지 않고 한숨만 쉬시오."

그러자 유비는 도적을 무찔러 백성을 편안히 하고 싶으나 힘이 없어서 그렇다고 말했지요. 그 말을 들은 장비는 마을 안의 용사들을 모아 함께 큰일을 해보자고 했어요. 유비는 기뻐하며 장비와 함께 주막에 앉아서 이야기를 나누었어요.

그때 관우가 주막으로 들어왔어요. 관우의 위풍당당한 모습에 보통사람이 아나라는 것을 느낀 유비는 관우에게 함께하지 않겠냐고 물었어요. 관우는 그 말을 듣고 크게 기뻐하며 응했어요. 세 사람은 장비의 집 뒤쪽 복숭아 동산에서 하늘과 땅에 제사를 지내고 셋이 의형제를 맺어 한마음으로 협력하기로 했어요. 이렇게 의형제가 된 유비, 관우, 장비는 어려운 사람을 도와 나라에 보답하고 백성들을 편안하게 하자고 맹세했답니다.

우리 셋도 의형제를 맺고 항상 함께!

桃	園	結	義
복숭아 도	동산 원	맺을 결	옳을 의
桃	園	結	義

🏮 아란은 이럴 때 사용해요!

• 그들은 세상을 바로잡기 위해 **도원결의**를 했다.

• 우리가 한 **도원결의**를 지키지 않으면 천벌을 받을 거야.

• 아무리 상황이 어려워도 아무하고나 **도원결의**를 할 수는 없다.

🏮 관련된 말도 같이 배워요!

비 **결의형제(結義兄弟)** 서로 남남인 두 사람이 의리를 바탕으로 형제 관계를 맺는 것을 뜻합니다.

속 **의가 좋으면 천하도 반분한다** 사이가 좋으면 무엇이든 나누어 가진다는 말입니다.

도전 OX 퀴즈

A 진정으로 믿을 수 있는 사람과 도원결의를 해야 한다. ( )

B 그와 나는 원수여서 도원결의했다. ( )

다음 페이지에서 정답을 확인하세요.

백면서생

희고 고운 얼굴에 글만 읽는 사람이란 뜻으로,
글만 읽고 세상에 대해서는 경험이 없는
사람을 의미하는 말

옛날 중국 남북조시대에는 남쪽의 송나라와 선비족이 세운 북위가 대립
했어요. 송나라의 문제는 북위를 정벌하고 싶었는데, 이 문제를 귀족들과
의논한 뒤 결정하려 했어요. 그때 심경지라는 신하가 군사를 다루어본 적
없이 집안에서 공부만 한 귀족들이 이 문제에 대해 논의하는 것을 못마땅
하게 여기며 문제에게 말했어요.

"예로부터 '밭일은 종에게 물어야 하고 길쌈질은 하녀에게 물어야 한다.'
는 말이 있습니다. 북위를 정벌하러 가는데 어찌하여 나이가 어려 희고 고
운 얼굴을 한, 글만 읽는 어린 서생들과 일을 도모하려 하십니까? 경험이
없는 그들과 얘기한다면 성공하기 어렵습니다."

문제는 심경지의 말이 옳다고 생각했어요. 그뒤 문제는 경험 많은 장
수들과 북위를 공격하는 문제를 상의해서 올바른 대책을 세울 수 있었답
니다.

얼굴이 희고
모범생인 니는
백면서생이야.

넌 백면서생의
숨은 뜻이
뭔지나 아니?

정답: A O B X

그러니까 이렇게 산책도 하면서 견문을 넓혀야죠

白	面	書	生
흰 백	낯 면	글 서	선비 생
白	面	書	生

아란은 이럴 때 사용해요!

• 그는 세상을 전혀 모르는 **백면서생**이다.

• 책상 앞에 앉아서 책만 읽는 **백면서생** 같은 자네가 어찌 나라 일에 참견할 수 있겠나.

• 그 친구, **백면서생**인줄 알았는데 세상의 이치를 잘 알고 있더구만.

관련된 말도 같이 배워요!

(비) **책상퇴물(冊床退物)** 글만 읽고 세상 물정에 어두운 사람을 뜻합니다.

(속) **성균관 개구리** 성균관의 선비들이 줄곧 앉아서 글을 읽는 것이 마치 개구리가 우는 것과 같다는 뜻으로, 자나 깨나 글만 읽는 사람을 놀리는 말입니다.

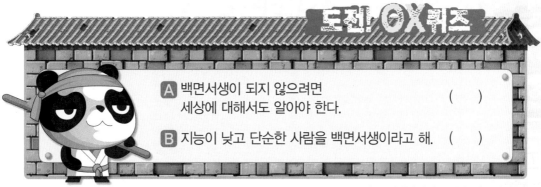

도전 OX 퀴즈

A 백면서생이 되지 않으려면 세상에 대해서도 알아야 한다. ( )

B 지능이 낮고 단순한 사람을 백면서생이라고 해. ( )

다음 페이지에서 정답을 확인하세요.

논공행상

공이 있고 없음이나 그 크고 작음에 따라 상을
준다는 뜻으로, 공로에 맞게 알맞은 상을 주는
것을 의미하는 말

옛날 중국 삼국시대 오나라에 고담이란 사람이 살았어요. 꾸밈이 없는 그는 왕에게도 아첨하지 않고, 사람들로부터 존경을 받았지요. 그런데 한날은 위나라의 장군인 전기라는 사람이 고담에게 친하게 지내자고 청했어요. 하지만 고담이 이를 거절하는 바람에 전기는 고담을 미워했어요.

그 뒤, 오나라는 위나라와 전쟁을 벌이게 됐어요. 그때 고담의 아우도 전쟁에 참여했고, 전쟁에서 공을 세웠어요. 전쟁이 끝나고 왕은 공적을 조사하여 각각 차이를 두고 상을 주었는데, 특히 고담의 아우에게는 큰 상을 내렸어요. 이때 고담의 아우보다 작은 상을 받아 불만을 품은 전기가 오나라 왕에게 거짓말을 했어요. 고담의 아우가 전쟁에서의 공을 부풀려서 말했다고요. 이 말을 듣고 화가 난 왕은 제대로 알아보지도 않고 고담 형제를 지방으로 보내버렸어요. 결국 고담은 그곳에서 2년 후에 죽었답니다.

논공행상은 공로에 맞게 알맞은 상을 주는 것은 말해요. 하지만 논공행상을 잘하기란 쉽지가 않아요. 자칫 전기처럼 시기하는 자들도 나올 수 있고, 공정하지 못한 처사에 불만을 품는 사람도 생길 수 있기 때문이랍니다.

모름지기 때우를 잘 해줘야 좋은 장수들이 따르는 법이지.

論	功	行	賞
논할 론	공 공	행할 행	상줄 상
論	功	行	賞

🏮 아란은 이럴 때 사용해요!

• 경기에서 승리했지만 **논공행상**을 잘못 하는 바람에 갈등만 커졌다.

• 그가 속한 팀이 이겼으나 그는 **논공행상**의 대상에서 제외되었다.

• 선거에서 이겼으니 **논공행상**을 한 후 사람들에게 일을 맡길 것이다.

🏮 관련된 말도 같이 배워요!

비 **신상필벌(信賞必罰)** 공을 세운 자에게는 반드시 상을 주고, 잘못을 저지른 자에게는 반드시 벌을 준다는 뜻으로, 상벌(賞罰)을 공정하고 엄중히 하는 것을 말합니다.

비 **상공(賞功)** 세운 공에 대하여 상을 주는 것을 뜻합니다.

도전! OX 퀴즈

A 아무것도 한 것 없는 나는 논공행상으로 선거에서 이겼다. ( )

B 너는 이번 논공행상에서 꼭 큰 상을 받을 거야. ( )

다음 페이지에서 정답을 확인하세요.

일망타진

한 번 그물을 쳐서 고기를 다 잡는다는 뜻으로,
어떤 무리를 한꺼번에 모조리 잡는 것을
의미하는 말

옛날 중국 송나라 때의 왕인 인종의 이야기예요. 인종은 학문을 숭상하고 인재를 등용하여 나라를 크게 발전시킨 왕이에요. 게다가 온유하고 겸손한 성품으로 백성들도 그를 존경했지요. 인종 시절에는 빼어난 신하들이 많았어요. 하지만 그런 신하들이 제각기 파벌을 만들고 다른 의견을 내놓아 충돌하는 일도 자주 일어났어요.

이러한 때에 두연이라는 신하가 재상이 되었어요. 당시 두연은 임금의 조서가 내려와도 쌓아두었다가 다시 되돌려 보낼 만큼 권한이 강했어요. 이와 같은 두연의 행동에 많은 신하들이 불만을 가졌지만 그의 권세에 눌려 제대로 비판하지도 못했어요.

그러던 차에 두연의 사위 소순흠이 공금을 횡령해 제사를 지내고 연회를 베푼 것이 들통 나서 옥에 갇혔어요. 평소 두연을 못마땅하게 여겨온 왕공진은 이때다 싶어서 소순흠을 취조했고, 결국 공금 횡령 사건에 연관된 사람들을 여러 명 잡아들일 수 있었어요. 왕공진은 손뼉을 탁 치면서 "일망타진했도다."라며 기뻐했지요. 소순흠과 그 일당들을 한꺼번에 모두 잡아들였다는 말이에요. 결국 두연은 이 사건으로 재상이 된 지 70여 일 만에 물러나게 되었답니다.

정답: A X B O

좋아! 지금부터 적들을 소탕한다!

LEVEL
4

무릉도장편

一	網	打	盡
한 일	그물 망	칠 타	다할 진
一	網	打	盡

아란은 이럴 때 사용해요!

• 경찰은 조직폭력배들을 **일망타진**했다.

• 나쁜 사람들을 **일망타진**하여 다시는 못된 짓을 하지 못하도록 해야 해.

• 모든 준비가 끝난 검찰은 부정부패세력을 **일망타진**하기 위한 작전을 시작했다.

관련된 말도 같이 배워요!

비 **망타(網打)** 그물로 친다는 뜻으로, 일망타진과 같은 의미로 쓰입니다.

비 **일소이공(一掃而空)** 빗자루질 한 번으로 깨끗하게 만든다는 뜻으로, 한 번에 몽땅 쓸어 버린다는 의미입니다.

도전! OX퀴즈

A 나쁜 사람들을 일망타진하는 것이 쉽지 않다. ( )

B 낚시를 갔지만 아무런 성과도 없이 일망타진하고 말았다. ( )

다음 페이지에서 정답을 확인하세요.

토사구팽

토끼가 죽으면 사냥개를 삶아 먹는다는 뜻으로,
필요할 때만 쓰고, 쓸모없어지면 버린다는
의미로 쓰는 말

　옛날 중국 춘추시대 때 월나라에 범려라는 신하가 있었어요. 범려는 친구 문종과 함께 월나라가 패권을 잡을 수 있도록 월나라의 왕 구천을 옆에서 열심히 도왔지요. 구천은 가장 큰 공을 세운 범려와 문종을 각각 상장군과 승상으로 임명하였어요. 그러나 범려는 점점 왕 구천을 믿을 수 없게 되었고, 결국 월나라를 떠나기로 했어요. 구천이 언젠가 갑자기 자기를 죽일지도 모른다는 생각이 들었기 때문이에요.

　구천 몰래 월나라에서 제나라로 도망친 범려는 문종이 염려스러워서 그에게 편지를 보냈어요. "새 사냥이 끝나면 좋은 활도 감추고, 교활한 토끼를 다 잡으면 사냥개를 삶아 먹는다."라는 내용으로, 월나라에서 도망가도록 충고하는 내용이었어요. 문종은 범려의 편지를 받고 고민했지만, 월나라를 떠나는 것을 망설였어요. 높은 직책을 맡기도 했고, 범려의 말처럼 구천이 그럴 리가 없다고 생각한 것이지요. 그러나 문종은 얼마 후에 구천에게 반역자로 몰리게 되었어요. 결백했지만 믿어주지 않는 구천 때문에 문종은 결국 죽고 말았답니다.

날 토사구팽하지
않는다는 각서를 써.

얼~ 그런 말은
다 알고. 많이 컸어~

뭐야, 인형 얼굴이
터져버렸잖아.
흥! 버려!

兎	死	狗	烹
토끼 토	죽을 사	개 구	삶을 팽
兎	死	狗	烹

🏯 아란은 이럴 때 사용해요!

• 선거 때 그렇게 도와줬는데, 막상 당선되니 나를 **토사구팽**해?

• 평생 열심히 일한 직장에서 **토사구팽** 당했다.

• 그는 어려울 때 도와준 사람을 나몰라라 하더니 결국 **토사구팽**해버렸다.

🏯 관련된 말도 같이 배워요!

🔵 **감탄고토(甘吞苦吐)** 옳고 그름에 관계없이 자기 비위에 따라서 사리의 옳고 그름을 판단
함을 이르는 말입니다.

🟢 **달면 삼키고 쓰면 내뱉는다** 옳고 그름이나 신의를 돌보지 않고 자신의 이익만을 찾는 것
을 의미합니다.

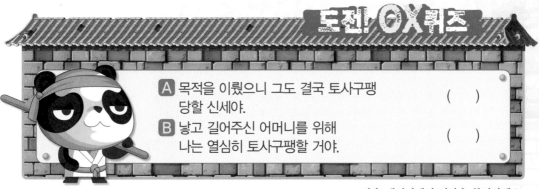

도전! OX퀴즈

A 목적을 이뤘으니 그도 결국 토사구팽
당할 신세야.   (   )

B 낳고 길어주신 어머니를 위해
나는 열심히 토사구팽할 거야.   (   )

다음 페이지에서 정답을 확인하세요.

삼고초려

유비가 제갈공명을 세 번이나 찾아가 맞이했다는
뜻으로, 인재를 영입하기 위해 참을성 있게 노력
한다는 의미로 쓰는 말

　유비와 관우, 장비는 의형제를 맺은 뒤 한나라의 부흥을 위해서 군사를
모집했어요. 그러나 군기를 잡고 계책을 세워 군사들을 이끌 사람이 없어
서 늘 조조군에게 고전을 면치 못했어요. 그러던 어느 날 유비가 은사인
사마휘에게 책략가를 추천해달라고 청했어요. 그러자 사마휘가 말했어요.
　"와룡이나 봉추 중 한 사람만 얻으시오."
　유비는 와룡과 봉추가 누구냐고 물었지만 사마휘는 대답해주지 않았어
요. 그러다 우연히 제갈량이라는 사람의 별명이 와룡이란 것을 안 유비는
수레에 재물을 싣고 제갈량이 사는 초가집에 찾아갔어요. 그러나 제갈량
은 집에 없었어요. 며칠 후 다시 찾아갔으나 역시 없었어요. 관우와 장비
는 제갈량이 무례하다며 다시는 찾아가지 말라고 했지만 유비는 다시 세
번째로 제갈량을 찾아갔어요. 자신을 맞기 위해 몇 번이나 싫은 내색 없이
찾아온 유비의 열성에 감동한 제갈량은 마침내 유비의 책략가가 되었고,
적벽대전을 통해 조조의 100만 대군을 격파하는 등 많은 공을 세웠어요.
　그 후 제갈량의 도움을 받아 촉한을 세운 유비는 위나라의 조조, 오나라
의 손권과 더불어 삼국시대를 열었고, 지략과 식견이 뛰어난 제갈량은 재
상이 되었답니다.

너는 머리가 세 개니 한 번만 가도 되겠지?

三	顧	草	廬
석 삼	돌아볼 고	풀 초	농막집 려
三	顧	草	廬

🏯 아란은 이럴 때 사용해요!

• 그를 내 편으로 끌어들이기 위해 **삼고초려**했다.

• 회사의 미래를 위해서라면 **삼고초려**를 해서라도 그를 데리고 와야 한다.

• 내가 **삼고초려**를 했는데도 거절하다니 정말 너무한다.

🏯 관련된 말도 같이 배워요!

비 **삼고지례(三顧之禮)** 삼고초려와 같은 뜻으로, 인재를 진심으로 예를 갖추어 맞이하는 것을 의미하는 말입니다.

참 **복룡봉추(伏龍鳳雛)** 엎드려 있는 용과 봉황의 새끼라는 뜻으로, 초야에 숨어 있는 훌륭한 인재를 이르는 말입니다.

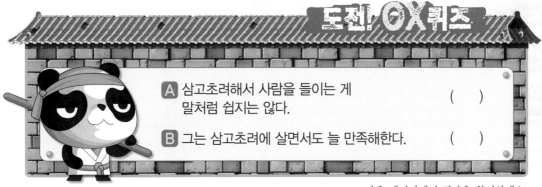

도전! OX퀴즈

A 삼고초려해서 사람을 들이는 게 말처럼 쉽지는 않다. ( )

B 그는 삼고초려에 살면서도 늘 만족해한다. ( )

다음 페이지에서 정답을 확인하세요.

오월동주

오나라 사람과 월나라 사람이 한 배에 타고 있다는
뜻으로, 원수 사이라도 같은 목적을 위해서는
한 편이 되어야 한다는 의미의 말

옛날 중국 오나라의 왕 합려와 월나라의 왕 윤상은 서로 원수지간이었
어요. 어느 날 윤상이 죽자 그의 아들 구천이 오나라를 침략하여 합려를
죽였어요. 당연히 합려의 아들 부차도 복수심에 불탔어요. 부차와 구천은
계속해서 싸웠어요. 서로를 원수라 여기며 끊임없는 싸움을 계속했지요.
아버지 대부터 내려온 원수지간이 아들 대까지 이어진 것이에요. 아버지
의 원수를 갚고자 계속 구천의 빈틈을 노렸던 부차는 구천을 드디어 회계
산에서 항복시켰어요. 이렇듯 오나라와 월나라는 견원지간이었어요.

손자는 이런 오나라와 월나라를 보면서 말했어요.

"전부터 사이가 나쁜 오나라와 월나라 사람이 한 배를 탔다고 할 때, 원
수처럼 미워하는 사이지만 그들이 배를 타고 바다를 건너다가 풍랑을 만
나게 된다면 오히려 서로 도와 배를 무사히 육지로 이끌도록 할 것이다."

이것은 손자가 『손자병법』에 쓴 내용으로, 아무리 원수지간이라도 서로
같은 목적이 생기면 힘을 합할 수밖에
없다는 것을 의미하며, 이것을
병법에서도 중요하게 여겼답니다.

흣~
저 녀석을 상대하려면
내 힘이 필요하겠군

원수는 외나무다리에서
만난다더니,
우리 오월동주할까?

다 그러면서 친해지는 거지. 그게 뱃사람의 매력이기도 하고!

吳	越	同	舟
나라이름 오	나라이름 월	같을 동	배 주
吳	越	同	舟

🏮 아란은 이럴 때 사용해요!

• 강력한 라이벌인 그와 나는 이번 경기에서만큼은 **오월동주**하는 사이가 됐다.

• 그 사람과 **오월동주**를 하느니 차라리 포기하고 말겠다.

• 세상을 살다보면 **오월동주**를 해야 하는 상황이 오기도 한다.

🏮 관련된 말도 같이 배워요!

비 **동주제강(同舟濟江)** 같은 배를 타고 강을 건너간다는 의미로, 원수끼리도 목적이 같다면 서로 협조한다는 뜻입니다.

속 **한 배를 타다** 서로 같은 입장이 되는 것을 의미합니다.

도전! OX 퀴즈

A 이제 그와 난 한 배를 탄 오월동주 사이가 됐다. ( )

B 친한 친구와는 절대 오월동주할 수 없어. ( )

다음 페이지에서 정답을 확인하세요.

두문불출

문을 닫고 나가지 않는다는 뜻으로, 세상 밖으로 나가지 않고 집안에만 있는 것을 의미하는 말

옛날 고려 말 조선 초기의 일이에요. 고려 말기, 위화도 회군으로 우왕과 창왕을 내쫓고 공양왕을 왕위에 올렸던 이성계는 다시 공양왕을 왕위에서 몰아내고 조선이라는 새로운 나라를 만듭니다. 그리고 스스로 왕이 되지요.

그러자 고려의 신하들은 새 나라를 반대하고 조정으로 나오지 않았어요. 그들은 하나둘씩 경기도 개풍군의 두문동으로 들어가 무리를 지어 살았어요. 이때 두문동으로 들어간 고려의 충신이 72명이었어요. 이성계는 이들을 달래려고 신하들을 보냈으나 그들은 완강했어요.

"새 임금의 신하로 사느니 차라리 장사나 하며 살겠다."

이 말을 들은 이성계는 매우 화가 났어요. 결국 이성계는 군사들을 시켜 두문동을 포위하고 온 동네를 불태웠어요. 뜨거운 불길에 견디지 못하고 결국 항복하고 나올 것이라 생각했던 것이었지요. 그러나 이성계의 생각은 빗나가고 말았어요. 72명의 고려 충신들 중 그 누구도 불길 속에서 빠져 나오려 하지 않고 그대로 불타 죽고 말았던 거예요.

네가 연예인이냐? 왜 밖에 나오지도 않고 집에서 두문불출하고 그래!

내가 워낙 예뻐서 날 보려는 사람이 많아도 너~~무 많아.

그치만 밖은 무서운걸

杜	門	不	出
막을 두	문 문	아닐 불	날 출
杜	門	不	出

🏯 아란은 이럴 때 사용해요!

• 우리 할아버지는 한 번 책을 읽기 시작하면 며칠씩 **두문불출**하신다.

• 공부를 할 땐 좀 **두문불출**하면 안 되겠니?

• 일생일대의 소설을 쓰기 위해 그는 몇 년 동안 **두문불출**하고 있다.

🏯 관련된 말도 같이 배워요!

비 **칩거(蟄居)** 나가서 활동하지 않고 집에만 있는 것을 의미합니다.

비 **두문사객(杜門辭客)** 문을 닫고 손님의 방문을 사양한다는 뜻으로, 집에만 틀어박혀 사람 만나는 것을 거절함을 의미하는 말입니다.

도전! OX퀴즈

A 나는 오늘도 친구들과 어울려 놀이공원으로 두문불출했다. ( )

B 성적이 떨어졌다고 두문불출하지 말고 나가서 산책이라도 하렴. ( )

다음 페이지에서 정답을 확인하세요.

LEVEL
4

고사성어
레벨업

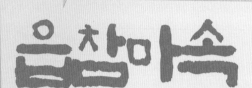

읍참마속

눈물을 머금고 마속의 목을 벤다는 뜻으로,
원칙을 지키기 위해 자기가 아끼는 사람을
버린다는 의미로 쓰는 말

옛날 중국 삼국시대 때 일이에요. 촉나라의 제갈량이 대군을 이끌고 위나라 군사를 크게 무찔렀어요. 그러자 위나라의 이름난 장군 사마의는 20만 대군으로 제갈량의 군대와 대치했어요. 이 전쟁에서 제갈량은 중요한 지역인 가정의 수비를 누구에게 맡길 것인지 고민이었어요.

그때 장군 중 한 명인 마속이 자기가 하겠다고 지원했어요. 제갈량은 마속이 사마의와 대결하기에는 어린데다 경험도 부족해 주저했지요. 마속은 제갈량에게 거듭 간청했고, 결국 제갈량은 마속을 가정으로 보냈어요.

제갈량은 마속에게 산기슭의 길만 지키라고 당부했으나, 마속은 공을 세울 욕심에 공격에 나섰다가 결국 참패를 당했어요. 제갈량은 군율에 따라 명을 어긴 마속을 죽이지 않을 수 없었어요. 다른 신하가 유능한 장수를 잃는 것은 나라의 큰 손실이라고 설득했으나 제갈량은 고개를 저었어요.

"손무(『손자병법』의 저자)가 싸워서 항상 이길 수 있었던 것은 군율을 분명히 했기 때문이오. 아끼는 사람일수록 가차 없이 처단하여 대의를 바로잡지 않으면 나라의 기강이 무너지는 법이오."

이 말을 한 후, 제갈량은 눈물을 머금고 마속의 목을 베었답니다.

정답: A X B O

법은 항상 올곧고, 만인에게 평등해야 하느니라.

무릉도장편

泣	斬	馬	謖
울 읍	벨 참	말 마	일어날 속
泣	斬	馬	謖

아란은 이럴 때 사용해요!

• 원칙을 바로 세우기 위해 그는 **읍참마속**의 심정으로 결단을 내렸다.

• 사람에게는 때로 **읍참마속**을 할 줄 아는 결단력이 있어야 한다.

• 감독은 **읍참마속**의 심정으로 실책을 한 그 선수를 결국 교체하고 말았다.

관련된 말도 같이 배워요!

비 **일벌백계(一罰百戒)** 한 사람을 벌 주어 백 사람을 경계한다는 뜻으로, 죄를 저지른 사람을 엄하게 벌함으로써 여러 사람들에게 경각심을 불러일으키는 것을 의미합니다.

도전! OX 퀴즈

A 정치인에게 필요한 것은 읍참마속의 결단력이다. (　　)

B 그 아이는 기르던 고양이가 죽자, 읍참마속했다. (　　)

다음 페이지에서 정답을 확인하세요.

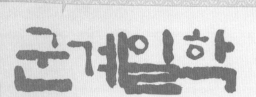

군계일학

닭의 무리 가운데 한 마리의 학이라는 뜻으로,
많은 사람들 중에서 가장 뛰어난 사람을
의미하는 말

옛날 중국의 위진시대 때 죽림칠현으로 불리는 일곱 명의 선비가 있었어요. 이들이 죽림칠현이라고 불린 이유는 죽림(대나무 숲)에 모여 노장사상을 바탕으로 한 토론을 즐겼기 때문이에요.

그런데 어느 날, 일곱 선비 중 한 명인 혜강이 누명을 쓰고 죽었어요. 혜강에게는 열 살밖에 안 된 아들 혜소가 있었는데, 혜소는 어려서부터 아주 총명한 아이였어요. 혜소가 자란 후, 죽림칠현의 한 사람이었던 산도가 왕에게 청했어요.

"폐하, 아버지의 죄는 아들에게 미치지 않는다고 합니다. 혜소가 가진 슬기와 지혜는 춘추시대 진나라의 대부 극결과 비교해도 손색이 없사옵니다. 그러니 그를 비서랑으로 등용하옵소서."

왕은 "혜소가 그렇게 괜찮은 사람이라면 비서랑보다 높은 자리를 주겠소."라고 말한 뒤 비서승이란 벼슬을 내렸어요. 벼슬을 받고 수도에 온 혜소를 본 어떤 사람이 죽림칠현 중 한 사람인 왕융에게 말했어요.

"며칠 전에 사람이 많은 곳에서 혜소를 처음 보았습니다. 그의 모습은 마치 '닭의 무리 속에 있는 한 마리의 학'과 같더군요."

이 말에서 군계일학이라는 말이 유래되었어요. 혜소는 후에 시중으로 승진하여 더욱 올바르고 곧게 행동하며 살았답니다.

나처럼 화려하고
강하면 어딜 가나
눈에 띄게 마련이지.

群	鷄	一	鶴
무리 군	닭 계	한 일	학 학
群	鷄	一	鶴

🏯 아란은 이럴 때 사용해요!

• 잘생긴 인물에 뛰어난 재능을 가진 그 아이는 반 아이들 중에서 단연 **군계일학**이었다.

• **군계일학**하기 위해서는 모든 부분에서 뛰어나야 한다.

• 안타깝게도 이번 선거에 출마한 정치인들 중에는 **군계일학**이 없는 것 같다.

🏯 관련된 말도 같이 배워요!

비 **낭중지추(囊中之錐)** 주머니 속에 있는 송곳이란 뜻으로, 재능이 아주 빼어난 사람은 숨어 있어도 저절로 남들의 눈에 드러난다는 것을 말합니다.

속 **닭이 천이면 봉이 한 마리 있다** 사람이 많으면 그 중에는 뛰어난 사람도 있게 마련이라는 의미입니다.

도전 OX 퀴즈

Ⓐ 그는 우리 학교에서 단연 군계일학이야.　　( )

Ⓑ 군계일학이란 말처럼 두 팀은 우열을 가릴 수 없을 만큼 실력이 팽팽해.　　( )

다음 페이지에서 정답을 확인하세요.

칠종칠금

제갈량이 맹획을 일곱 번 놓아주고 일곱 번 잡았다는 뜻으로, 상대방을 마음대로 다루는 것을 의미하는 말

옛날 중국 삼국시대 때 일이에요. 촉한의 왕 유비의 뒤를 이어 아들인 유선이 왕위를 이었어요. 그런데 왕이 바뀌는 혼란함을 틈타 촉한에는 많은 반란군들이 생겨났어요. 그 반란군들은 결국 정부군에 의해 하나하나 토벌되었는데, 가장 마지막까지 항복하지 않은 장수가 맹획이라는 사람이었어요.

결국 촉한의 재상인 제갈량은 맹획을 직접 토벌하여 생포하였어요. 그러나 맹획은 주변 지역 오랑캐들의 신임을 얻고 있었기에 죽이는 것은 곤란했고, 맹획도 제갈량에게 항복하지 않았어요. 결국 제갈량은 부하 장수 마속의 건의를 받아들이고는 맹획을 놓아줬어요. 그런데 맹획은 또 난을 일으켰어요. 제갈량 역시 그럴 때마다 맹획을 생포하고 다시 놓아주기를 반복했어요. 그렇게 하기를 일곱 차례. 결국 맹획은 진심으로 제갈량에게 복종한다며 항복했어요.

"그동안 정말 죄송했습니다. 앞으로 신하로서 신뢰를 저버리는 행동은 하지 않을 것입니다."라고 말한 후, 맹획은 제갈량의 신하가 되었답니다.

멍멍!

네가 널 칠종칠금하면 나에게 복종할 것이냐?

이 녀석도 풀었다 잡았다 하면서 내 부하로 길들여야겠군.

무릉도장편

七	縱	七	擒
일곱 칠	놓을 종	일곱 칠	사로잡을 금
七	縱	七	擒

아란은 이럴 때 사용해요!

• 너는 **칠종칠금**하면서 사람의 마음을 휘어잡는구나.

• 선생님은 여러 차례 반항하던 나를 **칠종칠금**의 자세로 용서해주었다.

• 세상을 살면서 **칠종칠금**의 자세로 남을 용서한다면 조금은 편하게 살 것이다.

관련된 말도 같이 배워요!

비 **칠금칠종(七擒七縱)** 일곱 번 잡고 일곱 번 놓아준다는 의미로, 칠종칠금과 같은 뜻으로 쓰입니다.

참 **면종복배(面從腹背)** 겉으로는 복종하는 체하면서 마음속으로는 배반한다는 뜻으로, 제갈량에 맞선 맹획의 모습이라 할 수 있을 것입니다.

도전! OX 퀴즈

A 그의 마음을 잡기 위해서는 칠종칠금이 필요해. ( )

B 칠종칠금한 내 결혼반지 못 봤니?   ( )

다음 페이지에서 정답을 확인하세요.

양두구육

양의 머리를 걸어놓고 실제로는 개고기를 판다는 뜻으로, 겉으로는 훌륭한 듯이 내세우지만 속은 보잘것없음을 이르는 말

옛날 중국 춘추시대 때의 일이에요. 제나라의 왕은 궁중의 여인들에게 남자 옷을 입도록 하는 이상한 명령을 내렸어요. 왕의 이와 같은 행동은 일반 백성들에게도 퍼져나가 남장을 하는 여자들이 나라 안에 점점 늘어났어요.

이 소문을 듣게 된 왕은 궁중 밖의 여자들이 남장하는 것을 금지시켰어요. 그러나 왕의 명은 잘 지켜지지 않았어요. 왕은 그 이유를 한 신하에게 물었어요. 신하는 대답했어요.

"폐하께서 궁중 안에서는 여자가 남장하는 것을 허용하시면서 궁 밖에서만 하지 말라고 하는 것은 마치 양의 머리를 문에 걸어놓고 안에서는 개고기를 파는 것과 같습니다. 이제부터라도 궁중 안에서 여자가 남장하는 것을 금하게 하소서."

왕은 신하의 말을 듣고 궁중에서도 여자가 남장하지 못하도록 금지했어요. 그랬더니 한 달도 못 가 나라 안에서도 남자 옷을 입는 여자들이 없어졌답니다.

그 고양이, 살 수 있어요?

고양이를 데리고 있지만 사실은 쥐를 팔지.

이게 뭐야?
무거울 줄 알았는데
가볍네?

羊	頭	狗	肉
양 양	머리 두	개 구	고기 육
羊	頭	狗	肉

이란은 이럴 때 사용해요!

· 쟤는 매일매일 말과 행동이 다르니 **양두구육**이 아니야?

· 그 가게는 겉만 번지르르할 뿐, 음식 맛은 엉망인 게 **양두구육**이라니까.

· **양두구육**한 사람에게 속지 않으려면 그 사람의 행동이나 말을 유심히 살펴야 한다.

관련된 말도 같이 배워요!

비 **표리부동(表裏不同)** 마음이 음흉하여 겉과 속이 다른 것을 의미합니다.

속 **눈 가리고 아웅한다** 얕은 속셈으로 남을 속이려는 것을 이르는 말입니다.

도전 OX퀴즈

A 양두구육하는 사람을 만나면
절대 믿으면 안 된다. ( )

B 양고기 파는 사람을 양두구육이라고 해. ( )

다음 페이지에서 정답을 확인하세요.

만화로 익히는 故事成語

몬스터들의 공격을 피해 두문불출(杜門不出)하면서
무술 연마에 몰두한 아란. 그동안 아란은 몬스터들을 물리칠
고사성어 조각들을 하나둘씩 찾아냈고, 몬스터들에게
가족을 잃은 무탄과 소원기라는 둘도 없는 친구도 얻게 됐다.

이제 우리의 무예 실력도
높아졌으니 메이플 월드의
평화와 가족들의 원수를 갚기 위해
나서야 할 때가 된 것 같다.
이 자리에서 우리 도원결의
(桃園結義)를 맺자.

좋지. 비록 우리가
태어난 날과 곳은 달라도
메이플 월드의 평화를 위해서는
한날 한시에 죽겠다는 것을
함께 맹세하자.

이제 마왕의 무리들을
물리치러 나갈 때가 왔네. 저들은
그동안 논공행상(論功行賞)에 대한
불만으로 내부가 분열되고 있네. 또 공을 세운
몬스터들을 토사구팽(兎死狗烹)하면서
조직은 파괴 직전이지. 지금이 바로
메이플 월드의 평화를 되찾을 기회네.

마왕 오빠,
지금 저항군이
몰려오고
있어요!

뭐야, 저항군이라고?
하하하. 그래봐야 저들은
한낱 백면서생(白面書生)들일 뿐.
저 녀석들에게 우리의 무시무시한
마법을 보여주도록 해라.

아자! 메르세데스표 발차기다!

요 녀석, 어딜 도망치려고!

우하하하! 이 녀석들, 이 무탄의 힘이 어떠냐!

이건 주인공만 군계일학(群鷄一鶴)이야. 우린 그냥 엑스트라만… ㅠ.ㅠ

싫어, 나도 삼십육계(三十六計) 쯤은 알아~

마왕 오빠, 빨리 피해요. 저항군에게 성이 함락되었다고요. 시간이 없어요.

아니, 이럴 수가. 저따위 무리들에게 당하다니…

거기 서!

마왕의 성을 함락하고 몬스터들을 일망타진(一網打盡)한 군사들이 함성을 질렀다.

만세! 만세!

메이플 월드의 평화 만세!

마침내 메이플 월드에는 태평성대(太平聖代)의 세상이 열렸다.

드디어 무릉도장의 마지막 대결이 남아 있다. 과연 무릉도장의 꼭대기에는 무엇이 기다리고 있을까? 고사성어의 모든 조각을 찾아내고 무릉도원(武陵桃源)과 메이플 월드의 평화를 되찾아 올 수 있을지는 바로 여러분 손에 달려 있다. 우리의 여정이 용두사미(龍頭蛇尾)가 되지 않도록 마지막 힘을 다해 몬스터들을 물리쳐보자.

태균
Lv.90

고사성어 완성하기

빈칸에 한자를 적어 고사성어를 완성해보세요.

太		聖	代	나라에 혼란이 없고 백성들이 편안히 지내는 시대를 의미하는 말
클 태	평평할 평	성인 성	시대 대	

白	面		生	글만 읽고 세상에 대해서는 경험이 없는 사람을 의미하는 말
흰 백	낯 면	글 서	선비 생	

	功	行	賞	공이 있고 없음이나 크고 작음 등을 따져서 거기에 알맞은 상을 주는 것을 의미하는 말
논할 론	공 공	행할 행	상줄 상	

吳	越		舟	서로 나쁜 관계에 있는 사람들이 같은 처지에 놓여 협력을 해야 하는 상태를 이르는 말
나라이름 오	나라이름 월	같을 동	배 주	

七		七	擒	상대방을 마음대로 다루는 것을 의미하는 말
일곱 칠	놓을 종	일곱 칠	사로잡을 금	

羊	頭	狗		겉으로는 훌륭한 듯이 내세우지만 속은 보잘 것없음을 이르는 말
양 양	머리 두	개 구	고기 육	

一	網		盡	어떤 무리를 한꺼번에 모조리 잡는 것을 의미하는 말
한 일	그물 망	칠 타	다할 진	

143

고사성어 크로스퍼즐

가로열쇠와 세로열쇠의 뜻을 보고 공통으로 들어갈 한자를 써넣어 고사성어를 완성하세요.

첫 번째 퍼즐

朝 [ ] 顧 草 廬
暮
四

공부했던 한자니까 금방 떠오를 겁니다~

가로 인재를 맞아들이기 위해선 노력을 해야 해요.
세로 눈앞의 차이만 알고 그 결과는 같다는 것을 모르는 것을 말해요.

두 번째 퍼즐

生
老
病
兎 [ ] 狗 烹

가로 쓸모없어지면 버린다는 의미를 말해요.
세로 사람이면 누구나 피할 수 없는 고통을 말해요.

세 번째 퍼즐

群 鷄 [ ] 鶴
網
打
盡

가로 무리 중에서 가장 뛰어난 사람을 말해요.
세로 어떤 무리를 한 번에 모조리 잡는 것을 말해요.

네 번째 퍼즐

塞
翁
之
泣 斬 [ ] 謖

가로 원칙을 위해 아끼는 것을 버리는 걸 말해요.
세로 좋고 나쁜 일의 변화는 예측하기 어렵다는 것을 말해요.

스노우맨
Lv.122

고사성어 길찾기

고사성어의 유래를 바르게 찾아가면 도착할 수 있어요.

유래가
뭐였더라?!

桃園結義
도 원 결 의

❶ 〈삼국지연의〉에서 유비, 관우, 장비가 도원에서 의형제를 맺은 데서 비롯된 말

❷ 북송시대 양산박에서 봉기하였던 호걸들의 이야기를 다룬 〈수호지〉에 나오는 말

杜門不出
두 문 불 출

❶ 정조가 태조 이성계를 수도로 모시려고 사신을 보냈지만 오지 않는 데서 유래된 말

❷ 조선 건국 때 고려 말 관리들이 새 왕조를 반대하며 개성 근방 두문동에 들어가 나오지 않은 데서 비롯된 말

泣斬馬謖
읍 참 마 속

❶ 김유신이 술에 취해 집으로 돌아가는데 말이 도착한 곳이 천관의 집 앞이라 대노하여 말의 목을 베어버린 것에서 유래된 말

❷ 제갈량이 아끼는 마속이 지시에 따르지 않고 독단적으로 행동하다 전쟁에서 패하자 군의 본보기로 마속의 목을 베어버린 것에서 유래된 말

오는 길
고생했네.

신비한 책의 능력을 전부 자기 것으로 만들었다면 좋은 성과를 얻었을 것이야!

놀이학습 정답

41쪽

三十六計 ——— 삼십육계
武陵桃源 ——— 무릉도원
眼下無人 ——— 안하무인
危機一髮 ——— 위기일발
緣木求魚 ——— 연목구어
知彼知己 ——— 지피지기

42쪽

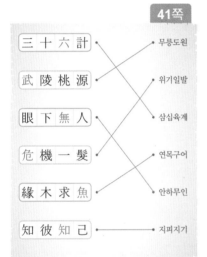

生 牛 桃 切
九 陵 病 齒
死 毛 腐 心
武 老 源 一

生老病死　사람이라면 누구나 피할 수 없는 고통
九牛一毛　많이 있는 것 중에서 아주 작은 것을 비유
切齒腐心　대단히 분하게 여기고 마음 속에 한을 품는 것
武陵桃源　도연명의 「도화원기」에 나오는 복숭아꽃이 만발한 가상의 낙원

43쪽

朝 大 權 起
器 三 死 不
回 晚 十 暮
生 年 成 四

기사회생　힘든 역경을 이겨 내고 다시 재기한다
권불십년　꺼강한 권세이도 오래 가지 못함
대기만성　큰 사람은 오랜동안 공부를 쌓아 늦게 성공함
조삼모사　당장 눈앞의 차별만 생각하는 얕은 꾀로 남을 속이는 것

75쪽

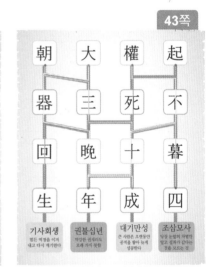

一 霞 日 三 秋
　한일 노을하 날일 석삼 가을추
巧 言 東 令 色
　교묘할교 말씀언 동녘동 하여금령 빛색
一 以 貫 貪 之
　한일 써이 꿸관 탐낼탐 이것지
愚 公 小 移 山
　어리석을우 존칭공 작을소 옮길이 뫼산
見 遷 利 思 義
　볼견 옮길천 이로울리 생각사 옳을의
安 貧 知 樂 道
　편안안 가난할빈 알지 즐길락 도리도
糟 糠 之 爲 妻
　지게미조 겨강 어조사지 할위 아내처

76쪽

孟母　虛虛　清風

허허실실　상대방의 약점을 찾아 계략을 써면서 싸우는 것
청풍명월　아름다운 자연을 말하거나 점잖하고 온건한 성격
맹모삼천　맹자의 어머니가 아들의 교육을 위해 세 번 이사한 것

明月　三遷　實實

77쪽

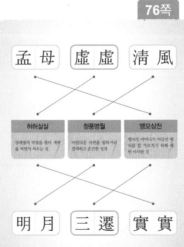

愚公移山 過猶不及 塞翁之馬

여기서 배운 것
잊지 말고
잘 기억해야 해!

109쪽

破竹之勢
깨트릴 파 / 대 죽 / 어조사 지 / 형세 세
— 세차게 갈라서 거침없이 쪽을 물에 쳐서 진군하는 기세를 의미하는 말

首丘初心
머리 수 / 언덕 구 / 처음 초 / 마음 심
— 혹독한 정치의 폐해를 의미하는 말

矯角殺牛
바로잡을 교 / 뿔 각 / 죽일 살 / 소 우
— 죽어서도 고향 땅에 묻히고 싶어하는 마음을 의미하는 말

苛政猛虎
가혹할 가 / 정사 정 / 사나울 맹 / 범 호
— 결점이나 흠을 고치려다가 오히려 일을 그르치는 것을 의미하는 말

守株待兎
지킬 수 / 그루 주 / 기다릴 대 / 토끼 토
— 서로 도우며 떨어질 수 없는 밀접한 관계를 의미하는 말

脣亡齒寒
입술 순 / 잃일 망 / 이 치 / 찰 한
— 한 가지 일에만 얽매여 발전을 모르고 어리석음을 의미하는 말

110쪽

刻 刮 移 方 愚 人 有
舟 之 目 貧 事 就 拔
求 貫 公 相 軍 本
劍 千 語 九 對 大 塞
巧 辛 妻 利 薄 秋 源
三 萬 成 井 中 之 蛙
道 苦 山 食 言 說 恩

❶ 刮目相對 눈을 비비고 상대방을 보다.
❷ 千辛萬苦 천 가지 매운 일과 만 가지 괴로움
❸ 井中之蛙 우물 안의 개구리
❹ 拔本塞源 근본을 빼내고 원천을 막다.
❺ 刻舟求劍 물에 빠진 칼의 위치를 배에 표시하고 칼을 찾다.

111쪽

脣亡寸鐵傾國
입술 순 / 망할 망 / 마디 촌 / 쇠 철 / 기울 경 / 나라 국

齒寒殺人之色
이 치 / 찰 한 / 죽일 살 / 사람 인 / 어조사 지 / 빛 색

143쪽

太平聖代
클 태 / 평평할 평 / 성인 성 / 시대 대
— 나라에 혼란이 없고 백성들이 편안히 지내는 시대를 의미하는 말

白面書生
흰 백 / 낯 면 / 글 서 / 선비 생
— 글만 읽고 세상에 대해서는 경험이 없는 사람을 의미하는 말

論功行賞
논할 론 / 공로 공 / 행할 행 / 상줄 상
— 공이 있고 없음이나 크고 작음 등을 따져서 거기에 맞맞는 상을 내려 주는 것을 의미하는 말

吳越同舟
나라이름 오 / 나라이름 월 / 같을 동 / 배 주
— 서로 나쁜 관계에 있는 사람들이 같은 목적에 놓여 협력을 해야 하는 상태를 이르는 말

七縱七擒
일곱 칠 / 놓을 종 / 일곱 칠 / 사로잡을 금
— 상대방을 마음대로 다루는 것을 의미하는 말

羊頭狗肉
양 양 / 머리 두 / 개 구 / 고기 육
— 겉으로는 훌륭한 듯이 내세우지만 속은 보잘것없음을 이르는 말

一網打盡
한 일 / 그물 망 / 칠 타 / 다할 진
— 어떤 무리를 한꺼번에 모조리 잡는 것을 의미하는 말

144쪽

朝
三 顧 草 廬
暮
四

生
老 病
兎 死 狗 烹

群 鷄 一 鶴
網
打
盡

塞
翁
之
泣 斬 馬 謖

145쪽

桃園結義
도 원 결 의
❶ (삼국지연의)에서 유비, 관우, 장비가 도원에서 의형제를 맺은 데서 비롯된 말
❷ 복숭아 나무 아래에서 봉기하면 호걸들의 이야기를 다룬 〈수호지〉에 나오는 말

杜門不出
두 문 불 출
❶ 집으로 찾아오는 손님을 거절하고 자신을 보냈던지 만 오지 않는 것을 이르는 말
❷ 조선 건국 때 고려 유신 관리들이 새 왕조를 반대하여 개성 근처 두문동에 들어가 나오지 않은 데서 비롯된 말

泣斬馬謖
읍 참 마 속
❶ 김유신이 술에 취해 집으로 돌아가는데 말이 노자말이 술집에 잘 알리라 대노하여 말의 목을 베어버린 것에서 유래된 말
❷ 제갈량이 아끼는 마속이 지시에 따르지 않고 독단적으로 행동하다 전쟁에서 패하자 군의 본보기로 마속의 목을 베어버린 것에서 유래된 말

에필로그

무릉도장 각 층의 몬스터들을 물리치며 고사성어의 조각을 찾아낸 당신은 드디어 가장 꼭대기 층에 도착한다. 하지만 그곳에서 당신을 기다린 것은 바로 늙은 도인 무공이었다.

무공은 당신을 보자마자 아무 말도 없이 공격하기 시작한다. 지금까지 경험하지 못한 쿵푸라는 강력한 무공에 고전을 면치 못하던 당신은 구석의 책상 위에서 고사성어의 마지막 조각을 발견한다.

무공이 위기에 빠진 당신을 끝내기 위해 마지막으로 마왕을 물리쳤던 바로 그 무시무시한 공격, 지화천폭을 구현하는 찰나, 당신은 재빨리 책상 위로 몸을 날려 고사성어의 마지막 조각을 끼워 맞춘다. 그러자 강력한 방어막이 형성되어 무공이 날린 지화천폭을 튕겨내었고, 오히려 공격은 무공을 덮쳐버린다. 그대로 쓰러져버린 무공! 잠시 뒤 쓰러져 있던 무공이 웃으며 소리친다.

"하하하! 새로운 영웅 자격은 되는 것 같군!"

벌떡 일어나 앉은 무공은 자신이 무릉도장을 만든 전설의 쿵푸마스터 무공이라며, 당신의 스승인 대마법사의 부탁을 받아 지금까지 실력 테스트 겸 비밀 수련을 시킨 것이라고 한다. 그리고 이제 쿵푸 마스터를 쓰러뜨릴 정도로 강해진 당신에게 그만 하산하라고 명령한다.

"하지만 나를 이겼다고 우쭐해하진 말아라. 마왕은 나보다 더욱 강력한 존재이니까. 꾸준한 노력만이 마왕은 물론, 모든 것을 극복할 수 있는 최선의 길인 것이다."

마침내 이루어낸 메이플 월드의 평화. 태평성대를 맞아 메이플 월드에는 온갖 꽃들이 활짝 폈고, 꽃들이 풍기는 그윽한 향기로 무릉도원이 따로 없게 됐다.

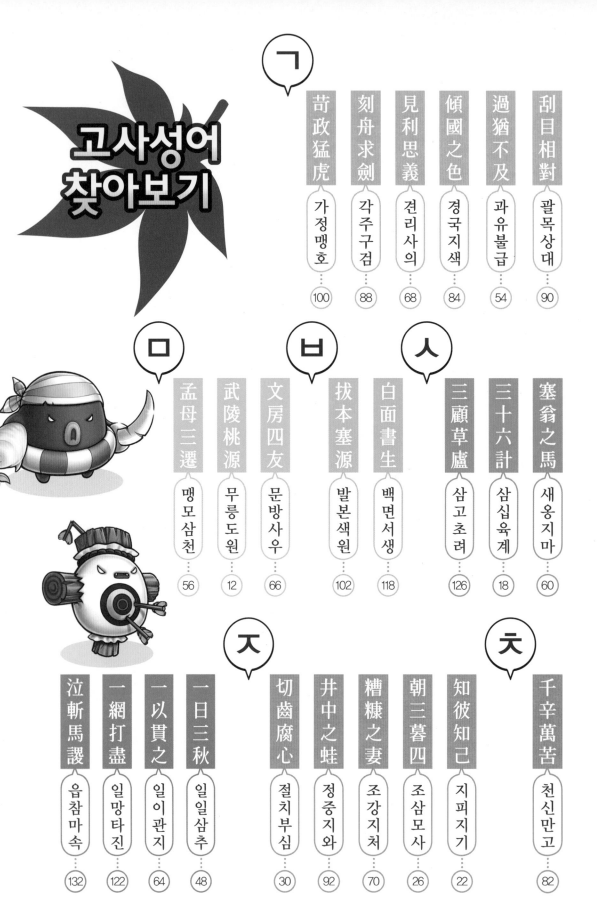

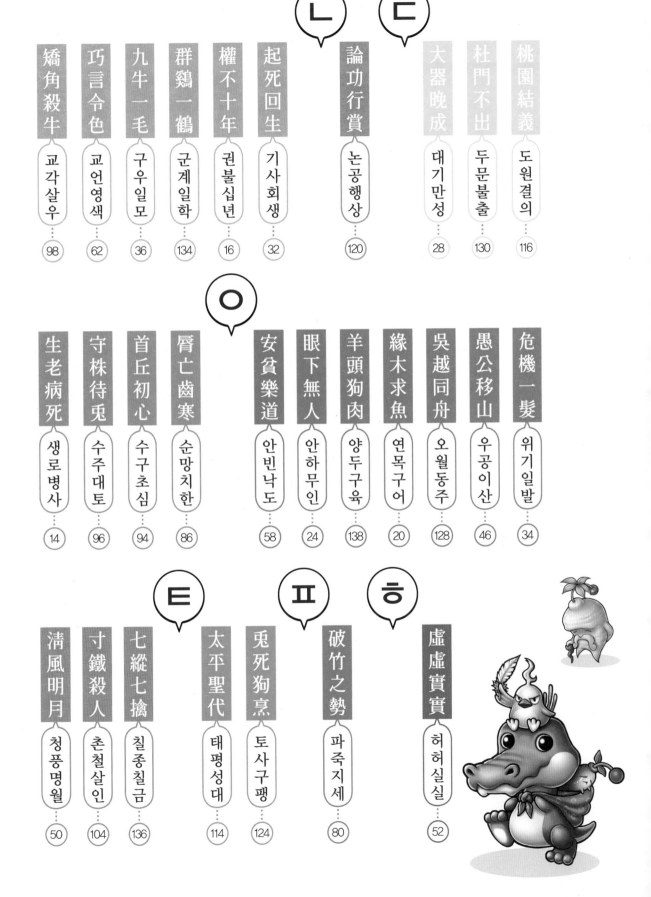

메이플스토리
고사성어레벨업

초판 1쇄 발행 2012년 12월 3일
개정판 1쇄 인쇄 2014년 12월 15일
개정판 1쇄 발행 2014년 12월 20일

기획 · 편집 · 디자인 (주)링크커뮤니케이션즈
도움을 주신 분 채민경, 안영민, 금창호, 김덕진
감수 (사)한자교육진흥회
펴낸 곳 상상더하기
등록 2004년 12월 16일 제2004-000288호
주소 서울시 마포구 서교동 440-3, 미주빌딩 2층
전화 02. 334. 7048
팩스 02. 334. 7049
전자우편 yscneh@hanmail.net
값 9,500원

ISBN 979-11-85462-00-4 64710
       979-11-951513-1-8(세트)